中华浑元·武术丛书

形意拳必修套路

张希贵 郑建平 著

山西出版传媒集团
山西科学技术出版社

2019年全国武术专业
青年骨干教师技术高级研修班

2019年全国武术专业
青年骨干教师技术高级研修班

总　序

“中华浑元武术”作为当代武术的一个流派发展到现在，在东西方文化相互交融的今天，有必要把自己的武术文化在新时代进一步发扬光大。

2010年，在隆重庆祝“中华浑元武术门”成立二十周年之际，我们编写了《中华浑元武术汇编》一书，主要介绍了浑元武术的内容、特点、套路动作名称等。2012年，我们又在北京体育大学出版社出版了《浑元武踪　艺德可风——当代中华武林百杰张希贵先生从武六十年掠影》大型画册，以图文并茂的形式系统地介绍了“中华浑元武术”的形成和发展，受到广大读者的好评，为了进一步全面、系统地介绍“中华浑元武术”的内涵和文化体系，将“中华浑元武术”展示给全球武术爱好者，让世人共享，我们决定以“中华浑元武术丛书”的形式陆续出版系列图书。本丛书力求将中华浑元武术的理论特点、精品套路、技击方法及健身养生内涵等等，以图文并茂的形式展现出来，方便后学者研习、借鉴。

近几年，许多相关人士提出弘扬优秀传统文化，恢复国学，发扬优秀的传统武术，提倡武术的实战应用，倡议武术要打练结合，传统武术和现代竞技武术并行发展等口号，在神州大地反响很大，海内外人士积极回应。“中华浑元武术”的套路和内容是在传统武术的基础上发展起来的，在现代科学思想精神指导下，博采众长，取其精华，去其糟粕，去伪存真，以“养生、健身、观赏、实用、竞技”为特点，融现代科学、生物力学原理与中国传统哲学、医学、武学为一体，是具有独特风格的现代武术，也是当今传统武术的精品。因此，推广“中华浑元武术”完全符合当今武术发展的需要，可以毫不夸张地说，“中华浑元武术”的每个套路都具有代表性，综合了各流派的精华。例如“浑元形意拳”，它融合了山西、河北、北京及东北地区等全国各式形意拳之精华动作，有机地组合而成；再如“浑元散手拳”，是吸取了长拳、短拳、戳脚、翻子拳、通臂拳、劈挂拳、形意拳、螳螂拳等部分精华技击动作组合而成的。由于套路编排合理、内容丰富，加之演练精妙，突显其健身性、观赏性、实用性、科学性，因此可以说是承前启后、继往开来的非常优秀的武术拳种。

中华武术是在古代劳动人民长期的生产、生活实践和社会斗争中形成的一种攻防格斗技术，在近代发展成为一种传统民间体育项目。

过去中华传统武术的发展都围绕着“内家”和“外家”两大派系而诞生了多个拳种，在民间流行。在冷兵器时代，由于战争的需要，武艺融入军队，由于军队里流行着以武术为代表的传统武艺活动，又使以实战为内容的武术得到了较好的继承与发展，从而使武术发展成为一种中国传统的民族体育项目。当今传统“武艺”活动仍作为练兵习武的方式在军营里盛行，而且起着重要的作用，军队中的“武艺”活动一直得到延续。

作为传统的具有悠久历史的中华武术，在明清以后出现了相当繁杂的种类和项目，并且逐渐形成许多不同流派，标志着传统武术在这一时期的繁盛。这一时期除武术套路迅速发展以外，还流行着许多与武术相关的健身活动，主要有八段锦、易筋经、五禽戏等。另外，还有很多简单且易于推广的健身器材及锻炼方法，流行在乡间、田野，如石锁、石担、皮条、杠子等。

民国时期，有识之士提出了“拳艺者，体育之最上乘也”，渐知拳术为之国魂，主张将武术用作学校体育课的教学内容。1914年，当时的教育部非常提倡武术，明令“各学校应添授中国旧时武技”。至此，我国传统武术正式被列为学校课程，这一时期，受“尚武”教育的影响，人们大多视武术为一种实用技术，重在自卫应敌。因此，这一时期国人对民族传统体育的关注，自然就着眼于具有实用功能的武术了。

中华人民共和国成立以后，为武术运动全面、系统、科学化发展，创造了前所未有的机遇和环境，为民族传统武术的发展创造了“普及、提高”的良好环境，使武术逐渐走向规范化、系统化。

武术作为一项独立的民族传统体育项目，向全世界全面推广已逐步付诸实践，由于社会的进步和世界文化的融合，武术已经进化发展成为一种世界人民喜闻乐见的现代体育与传统体育相结合的运动。

当前国家相关部门提出竞技武术、传统武术和散打实战武术并行推广，是一个良好的决策，尤其是提倡“武术六进”（进军营、进学校、进社区、进乡镇、进机关、进企业），规定在全国重点开展的七个体育项目中，除足球外，武术被列为第二位重点开展项目，将武术提到前所未有的高度，给中华传统武术进一步发展提供了良好机遇，预示着今后的中国传统武术活动必将在我国各个地区蓬勃发展。机遇和挑战并存，这就是我们发起整理出版“中华浑元武术丛书”的基本理念和原动力。

丛书冠以“中华浑元武术”，是因为它是中华武术的一部分，“浑元武术”只是其中的一个门类，我们推出有时代特点的“浑元武术”是为承前启后、继往开来，弘扬中华武术文化，继承中华民族传统之精神，使奥妙无穷、源远流长、博大精深的中国传统武术传播于海内外，为全世界人民健康服务，让中国武术被全球人们所喜爱。

余通过武术工作的实践，看到了一些东西，想到了一些问题，于是也就写了一些书籍，制作了一些视频光盘，组织了一些比赛，在不同的座谈会上也发言过几次，在一些体育大学也讲过武术课，得到的回应多是肯定的，这些理所当然地增强了余进一步探讨武术的信心。

我们过去谈论武术，往往就事论事，就武术谈武术，看不到中国武术的全貌，看不到武术文化的真谛，经过多年的思考实践，才知道武术万法不离其宗，拳法虽殊，其理如一，都是以呼吸配合姿势，通过四肢屈伸、开合而运动。学中国传统武术，了解中国民族传统文化，会逐渐豁然。中华民族在长期的历史发展中，创造了很多种民族传统武术项目，有的始于宫廷，有的来自民间。武术作为优秀的传统体育项目，以武艺衍生武术文化，可分为军事、健身、实战、养生、气功等几大类，每一类中又分出许多具体的类别来，如武术的拳类又分为长拳、短拳、形意拳、太极拳、八卦掌、螳螂拳、华拳、查拳、象形拳、通背拳、劈挂拳、翻子拳、大红拳、少林拳、地躺拳、迷踪拳、咏春拳等，然而拳非一家，各擅其长。但尺有所短，寸有所长，如果能互为补充，则能相得益彰。虽然武术中许多拳路大不相同，但动作大同小异，其运动规律是一致的，这些都应该认为是有机的整体思维方式。这与我们中国传统文化、中国武术文化“天人合一”的思维方式完全一致，也与“大象之阴阳太极图”这一中国文化传统理念中特定的文化相符合。

这一篇所谓的总序，只是个人之见。但余认为，中国传统武术究其文化思想，必须把它放在中国传统文化大框架内。武术是“集内外功之融合”，发扬传承武术之精神，弘扬中华文化，使武术成为一种真知，被世人所接纳，为人类的身心健康服务。写此丛书的目的，就是要把自己从武六十多年来的经历、经验，尤其是博采众长创编的一些武术套路贡献给社会，献给热爱武术运动的人们，使他们在学习中少走点弯路，多一些捷径，尽快掌握比较好的、优秀的武术内容，为中华传统武术的进一步传承发展做出贡献。

中华武术博大精深，种类繁多，而且各成体系，即使是武术专业工作者，或是特别好学好练者，一个人穷尽一生精力也难以精通多个门派的功法和套路。余一生从事武术活动，20世纪六七十年代曾执教于山西省体工队武术队，任总教练，从事专业训练二十多年，得以有机会接触国内老一辈武术名家高手，经过虚心求教后受益匪浅。后来余又在民间武术社团活动中工作了四十多年，从事武术挖掘整理、技术培训、走访座谈、专题研讨、组织国内外传统武术竞赛活动等，因而汲取了不少营养，丰富了自身的武术素材。今虽年逾古稀，不忍湮没所学，故与同学商量，整理所得，留给后学，以志传承永续。

这次“中华浑元武术丛书”的出版，得益于山东郓城县武协主席、中华浑元门传人张平同志的大力支持、倡导与组织；得益于武术名家河津浑元门传人买正虎先生等人的策划和编撰；还有北京浑元门弟子郑建平先生的辛勤编撰、电脑制作；以及孙绪、李来生、张高生等弟子的协助编写、摄像、绘图、校稿。余在此一并表示最真挚的感谢，希望丛书能够顺利完成，若能对社会略有裨益，则深感荣幸。是为序。

张希贵

前 言

这几年朋友们都希望我写一本有关形意拳的书，但我总觉得形意拳方面的书已有很多，尤其老前辈们对形意拳的理论已有详尽阐述，后人很难超越。

我从事了多年的武术训练，从运动员到教练，从业余练习到专业训练，又从专业回到业余，这个经历大多数人是没有的。

数十年来，在形意拳套路动作练习方面，我通过走访名师，组织交流比赛，参加全国形意拳套路编写工作等，不断地提高自己的素养，见识了全国各门派形意拳技术的风格特点，丰富了对形意拳的认知。因此在套路编排、演练方面略有心得，曾创编了具有传统性、技击性、观赏性、健身性和表演比赛功能的浑元形意拳、形意拳中级竞赛规定套路等。

我练的“浑元形意拳”套路，集诸家之长，内容丰富，包含了传统形意拳的五行、十二形、进退连环、四把、八式及杂式捶等套路的主要动作，可以说是我几十年来练习形意拳的得意作品。经过多次大赛考验，均得到专家、裁判的好评。我的女儿张静（武术七段）曾两次代表山西参加全国武术运动会，均获形意拳金奖。形意拳中级竞赛规定套路已被列为“世界传统武术锦标赛”的竞赛套路之一。弟子刘定一教授（武术八段）曾去国外教授形意拳中级竞赛规定套路。2004年，我代表中国武术协会参加首届“世界传统武术节”比赛，荣获形意拳和鞭杆两枚金牌。随后，我又多次以中国传统武术形意拳代表人的身份赴日本、马来西亚等国家和地区访问、表演。

本书着重介绍了山西形意拳的几个必修套路——五行连环拳、进退连环拳、鸡形四把拳、形意八式拳、杂式捶及浑元形意拳，详细说明了演练时的动作轨迹和要点。爱好者通过本书图解可以自己学会这些形意拳套路，了解形意拳的内容。通过练习，达到传承中华武术，强身健体的目的。

出版本书的目的是为传承中华传统武术文化尽自己的微薄之力。由于本人水平有限，文中错误和不妥之处在所难免，希识者给予指正。

张希贵

目　录

第一章　进退连环拳

进退连环拳，亦称五行连环拳，是形意拳第一套传统套路，也可以说是形意拳开山套路。它以五行拳为基础，经过老拳师们多年的演练，逐渐形成。该套路特点为，动作简便，手法连贯，架势规正，攻防有序，刚柔相济，内外合一。传统的进退连环拳有两种练法：一种是套路向前打出去，再原路退步打回来，因此名为“进退连环拳”；另一种是只进不退的练法，一套动作打出去再返身原样打回来，具体内容见第二章五行连环拳。

进退连环拳的练习方法与众不同。练习时，可快可慢，可刚可柔，刚柔相济。初练者以练习刚劲为主。

第一节　歌诀

一马三箭连环崩，白鹤亮翅炮捶轰。
虚步掩肘进步劈，丁步上钻接鹰形。
上钻下蹬龙形式，并步顺步连二崩。
左脚退步右拳崩，退步亮掌炮捶轰。
虚步掩肘退步式，退步熊形接鹰形。
再退钻蹬龙形式，再退钻劈三体功。
右崩左横提水式，并步按掌式还原。

第二节　动作名称

一、预备式
二、左劈拳（三体式）
三、一马三箭（连环崩拳）
四、白鹤亮翅（上步亮掌）
五、炮拳（右架左崩拳）
六、虚步掩肘
七、劈拳（三体式劈掌）
八、左熊形（丁步钻拳）
九、右鹰捉（拗步按掌）
十、龙形式
十一、并步崩拳
十二、白鹤亮翅（退步亮掌）
十三、炮拳（右架左崩拳）
十四、虚步掩肘
十五、倒劈拳（三体式劈掌）
十六、左熊形（丁步钻拳）
十七、退步鹰捉（拗步按掌）
十八、龙形式
十九、并步崩拳
二十、虚步右钻拳
二十一、三体式劈拳
二十二、收式

第三节　动作图解

扫一扫　看视频

一、预备式

两腿并立，两手自然下垂，呈立正姿势，两眼向前平视；整体做到头正、颈直、下颌微收、心静、体松。（图1–1）

二、左劈拳（三体式）

1. 两腿微屈，右脚向右前方上一步，两脚踏实，两腿屈膝微蹲，重心在两腿之间。同时，两臂屈肘上提至腰腹前，然后两臂外旋，手心翻转向上，两手向前上方伸出，手高不要超过头部，两臂微屈。目视右手。（图1–2）

2. 左脚向前上一步，两腿分立与肩同宽。同时，两臂屈肘内收，两掌心朝下，经面前、胸前，下按至小腹前，十指相对。目视左前方。（图1–3）

图1–1

图1–2

图1–3

3. 两脚尖微向左摆，身体向左转约90度。同时，两臂随体转向左前方平抹伸展，重心略向前倾。目视前方。（图1–4）

4. 上动不停，重心后移至右脚，右腿微屈。左脚微内收，脚尖虚点地面，呈左虚步。同时，两臂回收至小腹前肚脐两旁，使两掌心相对。目视前方。（图1–5）

5. 两脚不动，两臂外旋，使手心翻转向上，同时上举，高与肩平。（图1–6）

图1–4

图1–5

图1–6

6. 左脚向前出步踏实，脚尖微内扣，两腿微屈，重心在两腿之间或略微靠后。同时，两臂内旋，掌心翻转向下，左掌向前连推带劈，力达掌心；右掌向下连撑带按，停于肚脐前。目视前方。（图1–7）

图1–7

三、一马三箭（连环崩拳）

1. 并步崩拳：左脚略向前移，右脚进步向左脚靠拢，脚尖停于左脚脚弓内侧，两腿屈膝半蹲。同时，两手变拳，左拳收抱于小腹前，拳心向里。右拳在左拳收回的同时，从左拳虎口上面向前用力冲出，力达拳面，臂微屈，拳眼向上。（图1–8）

图1–8

2. 退步横拳：右脚向后退一步，脚踏实，脚向外摆。左脚随之向后撤一步，脚前掌着地，两腿屈膝半蹲。同时，右拳收到右腰侧，左拳在右拳回收时向前冲出，拳心向上，力达拳面。目视左拳。（图1–9）

3. 顺步崩拳：右脚向前进步踏实，左脚随之跟进约半步，两腿微屈，呈三体式。同时，左拳回收于腹前；右拳在左拳回收时，经左拳虎口上方向前冲出，拳眼向上，力达拳面。目视前方。（图1–10）

四、白鹤亮翅（上步亮掌）

1. 弓步搭手：右脚先向前略移，屈膝前弓。同时，两拳变掌，左手前伸与右臂交叉，左上右下。（图1–11）

图1–9

图1–10

图1–11

2. 上步亮掌：左脚向前上步，收于右脚内侧，脚尖点地，两腿微屈。同时，两臂内旋，向上、向左右分开，略高于头部。目视前方。（图1–12）

3. 并步砸拳：左脚震脚下落，与右脚并步半蹲。同时，两臂外旋向下画弧，左手心向上，停于小腹前肚脐处；右掌变拳，以拳背下砸于左掌心上。（图1–13）

五、炮拳（右架左崩拳）

右脚向前进步踏实，左脚跟进约半步，两腿微屈，呈三体式。同时，右拳内旋，向上钻裹，停于头部右侧，拳心朝外；左掌变拳，直臂前冲，拳眼向上，力达拳面。目视前方。（图1–14）

图1–12

图1–13

图1–14

六、虚步掩肘

左脚向后退一步，屈膝，踏实。右脚随之内收，脚跟提起，脚尖点地，呈右虚步。同时，左拳回收于腰腹部，拳心向上。右臂外旋，屈臂向身前掩裹。目视前方。（图1–15）

图1–15

七、劈拳（三体式劈掌）

右脚前移外摆，随即左脚上步踏实，两腿呈三体式。同时，右臂内旋，拳变掌，向下按压，停于小腹前。左拳变掌，向前上方钻出，在右手下按的同时，经右掌背向前推劈，臂微屈，力达掌心。目视左手前方。（图1–16）

八、左熊形（丁步钻拳）

右脚不动，左脚回撤于右脚内侧，脚跟提起，脚尖点地，呈左丁步。同时，两掌变拳，回收于腹前。右拳翻转向上，紧贴于腰腹间。左臂外旋，使拳心向内，拳面向上钻出，拳高至口鼻，力达拳面。目视左拳。（图1–17）

九、右鹰捉（拗步按掌）

左脚向前上一步，右脚随之跟进半步，两腿屈膝，呈半跪步式。右脚前脚掌着地，脚跟略微提起。同时，两拳变掌下按，右掌经左掌手背上向前下方扑按，高于左膝；左掌停于左腰腹前。目视右手。（图1–18）

图1–16

图1–17

图1–18

十、龙形式

1. 钻拳蹬腿：身体向上直起，左脚略微抬起向前落下，脚尖外摆。同时，两手握拳收抱于怀中，拳心向内。上动不停，左脚用力蹬地向前纵跳，同时，右拳外旋，经胸前向前上方钻击，力贯拳面，高不过头。右腿屈膝上提，向前

蹬踹，高不过胸。目视前方。（图1-19）

2. 叉步探掌：上动不停，右脚前落，脚尖外摆踏实。左脚在后，脚前掌着地，两腿均屈膝半蹲，呈歇步式。同时，右拳变掌，内旋回收于腹前，掌心向下。左拳变掌，掌心向下，在右拳回收时，经右掌背上向前伸出，掌指朝前。目视前方。（图1-20）

图1-19

十一、并步崩拳

1. 并步崩拳：左脚略向前移，右脚进步，向左脚靠拢，踏实，脚尖停于左脚脚弓内侧，两腿屈膝半蹲。同时，两手变拳，左拳回撤，收抱于小腹前；右拳在左拳收回的同时，从左拳虎口上面向前用力冲出，臂微屈，拳眼向上，力达拳面。目视前方。（图1-21）

2. 退步左横拳：右脚向后退一步，踏实，脚尖向外摆。左脚随之向后撤一步，前脚掌着地，两腿屈膝半蹲。同时，右拳回收于腹前；左拳经右臂下外旋，向前冲出，拳心向上，力达拳面。目视前方。（图1-22）

图1-20

图1-21

图1-22

3. 退步右崩拳：左脚向后退步，踏实，右脚跟着后退约半步，两腿微屈，呈三体式。同时，左拳回收于腹前，拳心紧贴于肚脐处。右拳在左拳回收时，经左拳虎口上方向前冲出，拳眼向上，力达拳面。目视前方。（图1–23）

十二、白鹤亮翅（退步亮掌）

1. 弓步搭手：左脚向后略移，右腿屈膝前弓。同时，两拳变掌，左手前伸与右臂交叉，左上右下。（图1–24）

图1–23

图1–24

2. 退步亮掌：右脚向后退一步，左脚跟提起，两腿微屈。同时，两臂内旋，向上、向左右分开，略高于头部。目视前方。（图1–25）

3. 并步砸拳：左脚先略向后撤步、踏实，右脚随即提起，向左腿靠拢，随即右脚震脚下落，两腿微屈。同时，两臂外旋向下画弧，左手心向上，停于小腹前。右掌变拳，以拳背下砸于左掌心上。（图1–26）

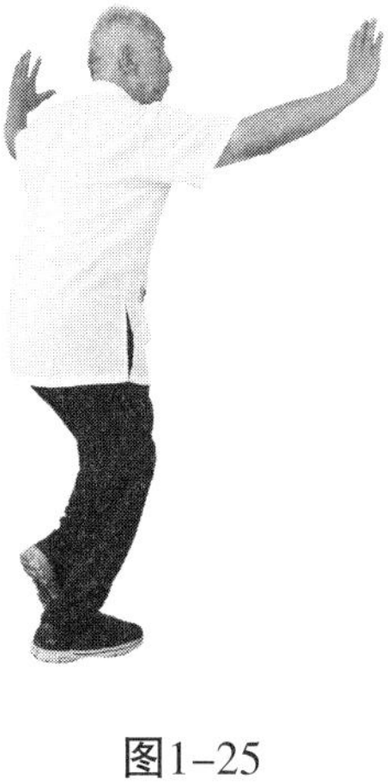

图1–25

图1–26

十三、炮拳（右架左崩拳）

左脚向后退一步，踏实，右脚随之也退约半步，两腿微屈，呈三体式。同时，右拳内旋向上钻裹，停于头部右侧，拳心朝外。左掌变拳，直臂前冲，拳眼向上，力达拳面。目视前方。（图1–27）

十四、虚步掩肘

左脚向后退一步，屈膝，踏实。右脚随之微回收，脚跟提起，脚尖点地，停于左脚前，呈右虚步。同时，左拳收抱于腰腹部，拳心向上。右臂外旋，屈臂向身前掩裹，高至口鼻。目视前方。（图1–28）

十五、倒劈拳（三体式劈掌）

右脚略提，向后落步，脚尖内扣踏实。左脚随之拖步，踏实，两腿呈三体式。同时，右臂内旋，拳变掌，向下按压，掌心朝下，停于小腹前。左拳变掌向前上方钻出，在右手下按的同时，经右掌背向前推劈，臂微屈，力达掌心。目视左手前方。（图1–29）

图1–27

图1–28

图1–29

十六、左熊形（丁步钻拳）

右脚略向后移，左脚回撤于右脚内侧，脚跟提起，脚尖点地，呈左丁字步。同时，两掌变拳回收于腹前，右拳翻转向上，紧贴于腰腹间；左臂外旋使

拳心向内，拳面向上钻出，拳高与口齐，力达拳面。目视左拳。（图1–30）

十七、退步鹰捉（拗步按掌）

左脚向后退一步，右脚随之向后退一大步，两腿屈膝，呈半跪步。右脚前脚掌着地，脚跟略微提起。同时，两拳变掌下按，右掌经左掌手背上向前下方扑按，高于左膝；左掌停于左腰腹前。目视右手。（图1–31）

十八、龙形式

1. 钻拳蹬腿：身体向上直起，左腿向后退一步，脚尖外摆。同时，两手握拳，收抱于怀中，拳心向内。动作不停，左脚蹬地向后小跳一步。同时，右拳外旋，经胸前向上钻击，力贯拳面，高不过头。右腿屈膝上提，向前蹬踹，高不过胸。目视前方。（图1–32）

图1–30

图1–31

图1–32

2. 叉步探掌：紧接上动，右脚向后落地，脚尖外摆踏实。左脚随之向后退一步，前脚掌着地，两腿屈膝半蹲，呈交叉歇步式（龙形式）。同时，右拳变掌，内旋回收于腹前，掌心向下；左拳变掌，掌心向下，在右拳回收时，经右掌背上向前伸出，掌指朝前。目视前方。（图1–33）

图1–33

十九、并步崩拳

1. 并步崩拳：左脚向前上一步，右脚随之进步向左脚靠拢，踏实，脚尖停于左脚脚弓内侧，两腿屈膝半蹲。同时，两手变拳，左拳回收于小腹前。右拳在左拳收回的同时，从左拳虎口上面向前用力冲出，臂微屈，拳眼向上，力达拳面。（图1–34）

图1–34

2. 退步左横拳：右脚向后退一步，踏实，脚尖外摆。左脚随之向后撤一步，前脚掌着地，两腿屈膝半蹲。同时，右拳回收于腹前。左拳经右臂下外旋，向前拧裹冲出，拳心向上，力达拳面。（图1–35）

二十、虚步右钻拳

右脚向后退步，踏实，左脚随之跟着后退约半步，两腿微屈，呈虚步。同时，左拳内旋，回收于腹前。右拳在左手回收时，外旋，经胸口向前上方冲出，高与口齐，力达拳面。目视前方。（图1–36）

图1–35

图1–36

二十一、三体式劈拳

左脚向前落步，踏实，脚尖微内扣，两腿微屈，重心在两腿之间或略微靠后，呈三体式。同时，两拳变掌，右臂内旋，掌心翻转下按，停于肚脐前；左掌经右掌背向前推劈，力达掌心。目视左手前方。（图1–37）

图1–37

二十二、收式

1. 身体微向右转，右脚外摆，左脚微内扣，两腿微屈，重心在两腿之间。同时，两掌回收至腰侧，手心向上，掌指向前，随后向前上方伸出，手高不过头，臂微屈。目视右手。（图1–38）

2. 左脚略向右脚靠拢，两腿分立与肩同宽。同时，两臂屈肘内收，两掌心朝下，经面前、胸前下按至小腹前，十指相对，目视左前方。也可以两掌变拳，拳面相对，停于腹前。（图1–39）

3. 右脚向左脚靠拢，两腿并步直立，两手自然下垂，呈立正姿势，两眼向前平视。整体要做到头正、颈直、下颌微收、心静、体松。（图1–40）

图1–38

图1–39

图1–40

第二章　五行连环拳

第一节　歌诀

一马三箭连环崩，白鹤亮翅炮捶轰。
虚步掩肘进步劈，丁步上钻接鹰形。
上钻下蹬龙形式，并步顺步连二崩。
转身狸猫倒上树，伏地龙形掌前伸。
一马三箭再连崩，白鹤亮翅炮捶轰。
虚步掩肘进步劈，丁步上钻接鹰形。
上钻下蹬龙形式，并步顺步连二崩。
转身狸猫倒上树，伏地龙形掌前伸。
右崩左横提水式，并步按掌式还原。

第二节　动作名称

一、预备式
二、左劈拳（三体式）
三、一马三箭（连环崩拳）
四、白鹤亮翅（上步亮掌）
五、进步炮拳（右架左崩拳）
六、虚步掩肘
七、劈拳（三体式劈掌）

八、左熊形（丁步钻拳）

九、右鹰捉（拗步按掌）

十、龙形式

十一、并步崩拳

十二、顺步左崩拳

十三、回身式

十四、一马三箭（连环崩拳）

十五、白鹤亮翅（上步亮掌）

十六、进步炮拳（右架左崩拳）

十七、虚步掩肘

十八、劈拳（三体式劈掌）

十九、左熊形（丁步钻拳）

二十、右鹰捉（拗步按掌）

二十一、龙形式

二十二、并步崩拳

二十三、顺步左崩拳

二十四、回身式

二十五、并步崩拳

二十六、退步横拳

二十七、提水式

二十八、收式

第三节　动作图解

扫一扫　看视频

一、预备式

1. 两腿并立，两手自然下垂，呈立正姿势，两眼向前平视。整体要做到头正、颈直、下颌微收、心静、体松。（图2–1）

2. 两腿微屈，右脚向右前方上一步，两脚踏实，两腿屈膝微蹲，重心在两腿之间。同时，两臂屈肘，上提至腰腹前，然后两臂外旋，手心翻转向上，掌指向前，两手向前上方伸出，两臂微屈。目视右手。（图2–2）

3. 左脚向前上一步，两腿分立与肩同宽。同时，两臂屈肘内收，两掌心朝下，经面前、胸前下按至小腹前，十指相对。目视左前方。（图2–3）

图2–1

图2–2

图2–3

4.两脚尖微向左摆，身体向左转约90度。同时，两臂随体转向左前方平抹伸出，重心略向前倾。目视前方。（图2–4）

5. 上动不停，重心后移至右脚，右腿微屈，左脚微内收，脚尖虚点地面，呈左虚步。同时，两手回收至肚脐两旁。目视前方。（图2–5）

6. 两脚不动，两臂外旋，使手心翻转向上，同时上举，大致高与肩平。（图2–6）

图2–4

图2–5

图2–6

二、左劈拳（三体式）

左脚向前出步，踏实，脚尖微内扣，两腿微屈，重心在两腿之间或略微靠后。同时，两臂内旋，掌心翻转向下，左掌向前连推带劈，力达掌心；右掌向下连撑带按，停于肚脐前，掌指向前。目视前方。（图2–7）

图2–7

三、一马三箭（连环崩拳）

1. 并步崩拳：左脚略向前移，右脚进步向左脚靠拢，两腿屈膝半蹲。同时，两手变拳，左拳收抱于小腹前，拳心向里；右拳在左拳收回的同时，从左拳虎口上面向前用力冲出，力

达拳面，臂微屈，拳眼向上。（图2–8）

2. 退步横拳：右脚向后退一步，脚踏实，脚尖外摆；左脚随之向后撤一步，脚前掌着地，两腿屈膝半蹲。同时，右拳回收于腰侧；左拳经右臂下外旋向前冲出，拳心向上，力达拳面。目视左拳。（图2–9）

3. 顺步崩拳：右脚向前进步，踏实；左脚随之跟进约半步，两腿微屈，呈三体式。同时，左拳回收于腹前，拳心紧贴于肚脐处；右拳在左手回收时，经左拳虎口上方向前冲出，拳眼向上，力达拳面。目视前方。（图2–10）

图2–8

图2–9

图2–10

四、白鹤亮翅（上步亮掌）

1. 弓步搭手：右脚先向前略移，右腿屈膝前弓。同时，两拳变掌，左手前伸与右臂交叉，左上右下。（图2–11）

2. 上步亮掌：左脚向前上步，脚尖外摆，两腿微屈。同时，两臂内旋，微屈，向上、向左右分开，略高于头部。目视前方。（图2–12）

图2–11

图2–12

3. 并步砸拳：右脚前提，震脚下落，与左脚并步半蹲。同时，两臂外旋，向下画弧，左手心向上，停于小腹前；右掌变拳，以拳背下砸于左掌心上。（图2-13）

图2-13

五、进步炮拳（右架左崩拳）

右脚向前进步，踏实，左脚跟进约半步，两腿微屈，呈三体式。同时，右拳内旋向上钻裹，停于头部右侧，拳心朝外；左掌变拳，直臂前冲，拳眼向上，力达拳面，高与肩齐。目视前方。（图2-14）

六、虚步掩肘

左脚向后退一步，屈膝踏实，右脚随之内收，脚跟提起，脚尖点地，呈右虚步。同时，左拳收于腹前，拳心向上；右臂外旋，屈臂，向身前掩裹，拳高至口鼻。目视前方。（图2-15）

七、劈拳（三体式劈掌）

右脚前移外摆，随即左脚上步，踏实，两腿呈三体式。同时，右臂内旋，拳变掌，向下按压，掌心朝下，停于小腹前；左拳变掌，向前上方钻出，在右手下按的同时，经右掌背向前推劈，臂微屈，力达掌心。目视左手前方。（图2-16）

图2-14

图2-15

图2-16

八、左熊形（丁步钻拳）

右脚不动，左脚回撤于右脚内侧，脚跟提起，脚尖点地，呈左丁字步。同时，两掌变拳，回收于腹前，右拳翻转向上，紧贴于腰腹间；左臂外旋，使拳心向内，拳面向上钻出，拳高至口鼻，力达拳面。目视左拳。（图2–17）

九、右鹰捉（拗步按掌）

左脚向前上一步，右脚随之跟进半步，两腿屈膝，呈半跪步式。右脚前脚掌着地，脚跟略微提起。同时，两拳变掌下按，右掌经左手背上向前下方扑按，高于左膝；左掌停于左腰腹前面。目视右手。（图2–18）

图2–17

图2–18

十、龙形式

1. 钻拳蹬腿：身体向上直起，左脚略微抬起，前落，脚尖外摆。同时，两手握拳收抱于怀中，拳心向内。上动不停，左脚用力蹬地向前纵跳。同时，右拳外旋，经胸前向前上方钻击，拳心向上，力贯拳面，高不过头。右腿屈膝上提，向前蹬踹，高不过胸。目视前方。（图2–19、图2–20）

图2–19

2. 叉步探掌：上动不停，右脚前落，脚尖外摆，踏实。左脚在后，脚前掌着地，两腿均屈膝半蹲，呈歇步式。同时，右拳变掌，内旋回收于腹前，掌心向下；左拳变掌，掌心向下，在右拳回收时，经右掌背上向前推劈，掌指朝前。目视前方。(图2–21)

图2–20

图2–21

十一、并步崩拳

左脚略向前移，右脚进步，向左脚靠拢踏实，脚尖停于左脚弓内侧，两腿屈膝半蹲。同时，两手变拳，左拳回收于小腹前，拳心向里；右拳在左拳收回的同时，从左拳虎口上面向前用力冲出，臂微屈，拳眼向上，力达拳面。(图2–22、图2–23)

图2–22

图2–23

十二、顺步左崩拳

左脚向前迈进一步，右脚随之跟进半步，两腿微屈，呈三体式。同时，右拳回收于腹前，拳心紧贴于肚脐处；左拳在右手回收时，经右拳虎口上方向前冲出，拳眼向上，力达拳面。目视前方。（图2-24）

图2-24

十三、回身式

1. 左脚向身体右侧扣步，脚尖尽量内扣，与右脚呈八字形，身体右转。同时，左拳收回，停于腹部左侧，拳心向里。目视右前方。（图2-25）

2. 重心移至左腿，身体右转，右腿屈膝上提，脚尖外展，借转身拧腰之力，右腿外展，右脚向前横踹。同时，右拳外旋贴身上钻，向前上方钻出；左拳随之上钻，收于右肘内侧，两拳心向上。目视前方。（图2-26）

3. 右脚前落，脚尖外摆，两膝微屈，两腿呈交叉高歇步姿势，身体右转。同时，两臂内旋，拳心翻转向下，两手变掌，左掌前伸向前劈出，肘微屈，与肩齐高；右掌回收下按，停于腹部。目视前方。（图2-27）

图2-25

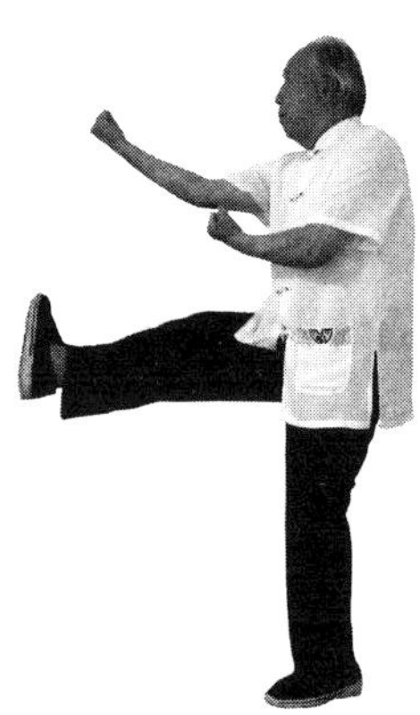

图2-26

图2-27

十四、一马三箭（连环崩拳）

动作说明同第三式，唯方向相反。

十五、白鹤亮翅（上步亮掌）

动作说明同第四式，唯方向相反。

十六、进步炮拳（右架左崩拳）

动作说明同第五式，唯方向相反。

十七、虚步掩肘

动作说明同第六式，唯方向相反。

十八、劈拳（三体式劈掌）

动作说明同第七式，唯方向相反。

十九、左熊形（丁步钻拳）

动作说明同第八式，唯方向相反。

二十、右鹰捉（拗步按掌）

动作说明同第九式，唯方向相反。

二十一、龙形式

动作说明同第十式，唯方向相反。

二十二、并步崩拳

动作说明同第十一式，唯方向相反。

二十三、顺步左崩拳

动作说明同第十二式，唯方向相反。

二十四、回身式

动作说明同第十三式，唯方向相反。

二十五、并步崩拳

动作说明同第十一式，唯方向相反。

二十六、退步横拳

接上动，右腿向后退半步，踏实；左脚随之后撤一步，前脚掌着地，两腿

屈膝半蹲。同时，左拳向前冲出，拳心向上；右拳回收于腰侧。（图2–28）

图2–28

图2–29

二十七、提水式

1. 接上动，重心移于右腿，左脚向前上步，两腿微屈。同时，两臂于身前十字相交。（图2–29）

2. 左脚向前上步，右脚不变。两腿屈膝半蹲，呈半马步。同时，两臂内旋，使拳心翻转向内，左拳屈肘外撑，拳面向下，停于左膝前上方；右拳回收于腹前，拳心向里，拳臂紧贴于腰腹部。目视左前方。（图2–30）

图2–30

二十八、收式

1. 身体微向右转，右脚外摆，左脚微内扣，两腿微屈，重心在两腿之间。同时，两手变掌，两掌回收至腰侧，手心向上，两臂向前上方伸出，手高不过头，臂微屈。目视右手。（图2–31）

2. 左脚略向右脚靠拢，两腿分立与肩同宽。同时，两臂屈肘内收，两掌心朝下，经面前、胸前下按至小腹前，十指相对，目视左前方。（图2–32）

图2-31

图2-32

3. 右脚向左脚靠拢，两腿并步直立，两手自然下垂，呈立正姿势，两眼向前平视。整体要做到头正、颈直、下颌微收、心静、体松。（图2-33）

图2-33

第三章　鸡形四把拳

鸡形四把拳简称“四把”，是形意拳的传统套路之一。四把拳动作简洁形象，劲力突出，表现出鸡的各种动作特征。如金鸡独立之能、食米之准、抖翎之威、争斗之勇。观其形而明其意，在技击上，套路中含有拳打、脚踢、肩靠、肘顶等各种手法。

第一节　歌诀

金鸡独立气势雄，金鸡斗志向前行。
金鸡食米指裆捶，金鸡抖翎左右撑。
金鸡上架独立式，金鸡报晓上下攻。
金鸡争斗连环劈，金鸡点头掌下印。
望眉斩截肩背反，鸡形四把是好拳。

第二节　动作名称

一、预备式
二、提水式（半马步栽拳）
三、金鸡独立（提膝托掌）
四、金鸡斗智
五、金鸡吃米（合步冲拳，注：三体式亦称合步）

六、金鸡抖翎（马步架推掌）

七、金鸡上架（提膝插掌）

八、金鸡报晓（合步挑掌）

九、左鹰捉（上步左劈拳）

十、上步右劈拳

十一、金鸡点头（独立下塌掌）

十二、金鸡吃米（合步冲拳）

十三、金鸡抖翎（马步架推掌）

十四、金鸡上架（提膝插掌）

十五、金鸡报晓（合步挑掌）

十六、上步左劈拳

十七、收式

第三节　动作图解

扫一扫　看视频

一、预备式

1. 两腿并立，两手臂自然下垂，呈立正姿势，两眼向前平视。整体要做到头正、颈直、下颌微收、心静、体松。（图3-1）

图3-1

2. 两腿微屈，右脚向右前方上一步，两脚踏实，两腿屈膝微蹲，重心在两腿之间。同时，两臂屈肘，上提至腰腹前，然后两臂外旋，手心翻转向上，掌指向前，两手向前上方伸出，手高不要超过头部，两臂微屈。

目视右手。（图3-2）

3. 左脚向前上一步，两腿分立与肩同宽。同时，两臂屈肘内收，两掌心朝下，经面前、胸前下按至小腹前，十指相对。目视左侧。（图3-3）

图3-2

图3-3

二、提水式（半马步栽拳）

1. 左脚略向外摆，右脚尖微内扣，身体微向左转。同时，两臂向前后分开。（图3-4）

2. 重心移至右脚，膝微屈，半蹲，左脚略向内收，脚跟提起，脚尖虚点地面，呈左虚步。同时，左臂屈肘，左手向上、再向胸前绕弧，下落于腹前；右手前送，在身前与左臂相交而出。目视前方。（图3-5）

3. 上动不停，左脚向前出步，脚尖微向前，两腿屈膝半蹲，呈半马步。同时，两手变拳，左拳握紧向前下方撑击，拳轮向前，拳面朝下，立于左膝上方；右拳回收于腹前。目视前方。（图3-6）

图3-4

图3-5

图3-6

三、金鸡独立（提膝托掌）

1. 重心前移，左腿挺膝蹬直，右腿屈膝提起，脚尖下垂。同时，右臂外旋，拳变掌，手心翻转向上，由下向前上方抄起，高与肩平。左拳变掌，下按于左胯旁。（图3–7）

2. 上动不停，右脚用力震脚下落，全脚掌着地。左腿屈膝上提，脚尖下垂。同时，右臂内旋，掌心向下，屈肘内收，于胸前下按；左臂外旋向上托起，高与肩平。目视前方。（图3–8）

要点：以上两动要连续完成，中间不要停顿。提膝要高，起码超过腰部。右脚震脚下落与左脚上提、右掌下按与左掌上托要同时完成，整齐一致。

用法：右掌前撩、提膝，有撩击对方裆部和面部的作用。若对方出手阻挡，我方则回撤右手拿其手腕，左手上托其肘关节，同时左膝、脚可击打其腿和腹部。

四、金鸡斗智

1.右托掌：左脚向前落地、踏实，右脚随即跟进，微提，脚底平行于地面。同时，右臂外旋，掌心翻转向上，由下向前上方撩托，手高与肩平；左掌内旋，掌心向下，收按于腹前。目视前方。（图3–9）

图3–7

图3–8

图3–9

2. 左托掌：上动略停，右脚向前落地、踏实，左脚随即跟进，微提，脚底平行于地面。同时，左臂外旋，掌心翻转向上，由下向前上方撩托，手高与肩

平；右掌内旋，掌心向下，收按于腹前。目视前方。（图3–10）

3. 右塌掌：上动略停，左脚向前落地、踏实，右脚随即跟进，微提，脚底平行于地面。同时，左臂内旋，掌心翻转向下，向身前回收；右掌在左掌回收的同时，从左掌下向前穿出。目视前方。（图3–11）

4. 左塌掌：上动不停，右脚向前落地、踏实，左脚随即跟进，微提，脚底平行于地面。同时，右臂向身前回收；左掌在右掌回收的同时，从右掌下向前穿出。目视前方。（图3–12）

图3–10

图3–11

图3–12

要点：金鸡斗智连续四个动作要连贯协调，上下相随。两手要有上托下按之劲。

用法：1. 设对手向我方身前冲拳，我方则一手搬拿其手腕向下按，另一手上托其肘关节，撅其臂。2. 设对手向我方身前冲拳，我方以一手上格其臂，另一手乘机向前推击其胸部。

五、金鸡吃米（合步冲拳）

1. 接上动，两手不动，左脚向前进一步。（图3–13）

图3–13

2. 上动不停，然后右脚蹬地向前跃步，踏实，并独立站稳，膝微屈。同时，左脚快速跟

进，停于右脚内侧。（图3–14）

3. 两手不动，左脚向前出步，两腿屈膝半蹲，呈合步。（图3–15）

4. 两腿不动，右掌变拳向前冲击，拳眼向上，力达拳面。目视右拳。（图3–16）

图3–14

图3–15

图3–16

六、金鸡抖翎（马步架推掌）

身体向右转约90度，左脚以前脚掌为轴，脚跟向外蹬撑，两腿半蹲，呈马步。同时，右臂屈肘上架，右拳变掌，掌心向外，置于头部右上方；左掌向左侧击打。目视左侧。（图3–17）

七、金鸡上架（提膝插掌）

1. 两手和右脚不动，左腿屈膝上提。（图3–18）

图3–17

图3–18

2. 左脚震脚下落，膝微屈，身体微右转，右腿屈膝上提，脚尖上翘。同时，左手向上停于右肩前；右手直臂下插，掌心向左。（图3–19）

八、金鸡报晓（合步挑掌）

右脚向前落步，两腿微屈，呈合步。同时，右臂尽力上挑，臂微屈，力达小臂，掌腕微屈。目视前方。（图3–20）

九、左鹰捉（上步左劈拳）

1. 两手握拳，收回小腹部，拳心朝里。（图3–21）

图3–19

图3–20

图3–21

2. 右脚外展约45度，重心略向前移，然后右臂外旋，拳心翻转向上，经胸口向前上方钻出。目视右拳。（图3–22）

3. 左脚向前进一步，两腿略蹲，呈合步。同时，两拳变掌，右手内旋下按于小腹部，掌心向下；左手在右手下落的同时，向上、经右拳背向前劈出，高与肩齐。目视左掌。（图3–23）

图3–22

图3–23

十、上步右劈拳

1. 左脚外展约45度，重心略向前移。同时，两手握拳，收回腹部，拳心朝里；然后，左臂外旋，左拳拳心翻转向上，经胸口向前上方钻出。目视左拳。（图3–24）

2. 右脚向前进一步，两腿略蹲，呈合步。同时，右拳上钻，经左拳背向前下方劈出，力达拳和小臂。目视右拳。（图3–25）

图3–24

十一、金鸡点头（独立下塌掌）

1. 上动不停，左脚不动，右腿回撤，屈膝，微提起，脚底与地面平行，呈左独立式。同时，右拳拳心翻转向上，向前上方钻出，高与口平。目视前方。（图3–26）

2. 上动不停，右脚震脚下落，左脚随即提起，两腿屈膝，呈右独立式。同时，右拳变掌，下按，收于右腹部；左拳变掌，经右掌背向前下方击出，掌心朝下，力贯掌心。目视左掌。（图3–27）

图3–25

图3–26

图3–27

十二、金鸡吃米（合步冲拳）

左脚向前出步，两腿微屈，呈合步。同时，右掌变拳向前下冲出，拳眼向

上，力达拳面。目视右拳。（图3–28）

十三、金鸡抖翎（马步架推掌）

左脚以脚前掌为轴，脚跟向外蹬撑，身体向右转约90度，两腿半蹲，呈马步式。同时，右臂屈肘上架，右拳变掌，掌心向外，置于头部右上方；左掌向左侧击打。目视左掌。（图3–29）

十四、金鸡上架（提膝插掌）

右脚不动，左腿屈膝上提，随即震脚下落，膝微屈。右腿屈膝上提，脚尖上翘。同时，左手向上停于右肩前，右手直臂下插，掌心向左。目视前方。（图3–30）

图3–28

图3–29

图3–30

十五、金鸡报晓（合步挑掌）

右脚向前落步，两腿微屈，呈合步。同时，右臂尽力上挑，臂微屈，力达小臂，掌腕微屈。目视前方。（图3–31）

图3–31

十六、上步左劈拳

1. 右脚外展约45度，重心略向前移。同时，两手握拳收回于腹部，拳心

朝里；然后右臂外旋，右拳拳心翻转向上，经胸口向前上方钻出。目视右拳。(图3–32)

2. 左脚向前进一步，两腿略蹲，呈合步。同时，两拳变掌，右手内旋，下按于小腹部，掌心向下；左手在右手下落的同时，向上、经右拳背向前劈出，高与肩齐。目视左掌。(图3–33)

十七、收式

1. 左脚微内扣，右脚外展45度。同时，两臂外旋，掌心向上、向两侧斜向伸展，臂微屈。目视右手。(图3–34)

图3–32

图3–33

图3–34

2. 左脚略向内收，两腿开立，与肩同宽。同时，两臂内旋，屈肘，两手掌心向下，经面前、胸前下按至小腹前。目视左侧。(图3–35)

3. 右脚向左脚靠拢，两手直臂下垂于身体两侧，立正站好，目视前方。整体要做到头正、项直、挺胸、塌腰。(图3–36)

图3–35

图3–36

第四章　形意八式拳

形意八式拳是传统形意拳中的又一个短小套路。此拳套路短小精干，严密紧凑，内容丰富，刚柔并济，以形意五行拳和鹞形等动作组成，很受拳友欢迎。这个套路是20世纪80年代，我在北京向形意拳大师何福生先生学得的。

第一节 歌诀

三体式身正步稳，箭连环一马三崩。
右甩手独立塌掌，右崩拳并步半蹲。
翻手腕合步砸拳，右崩拳拗步前冲。
龙虎式拳打脚蹬，右崩拳顺步再冲。
鹤亮翅并步砸拳，顺步炮鹞子入林。
左右钻鹞子翻身，下栽拳鹞子入林。
右钻拳回身左崩，箭连环一马三崩。
右甩手独立塌掌，右崩拳并步半蹲。
翻手腕合步砸拳，右崩拳拗步前冲。
龙虎式拳打脚蹬，右崩拳顺步再冲。
鹤亮翅并步砸拳，顺步炮鹞子入林。
左右钻鹞子翻身，下栽拳鹞子入林。
右钻拳回身左崩，拴马式三抖威风。

第二节　动作名称

一、起式

二、一马三箭

三、寒鸡独立

四、并步崩拳

五、退步抱拳

六、拗步右崩拳

七、蹬腿冲拳

八、顺步崩拳

九、顺步炮拳

十、左右钻拳

十一、顺步炮拳

十二、一马三箭

十三、寒鸡独立

十四、并步崩拳

十五、退步砸拳

十六、拗步右崩拳

十七、蹬腿冲拳

十八、顺步崩拳

十九、顺步炮拳

二十、左右钻拳

二十一、顺步炮拳

“二十二、一马三箭”至“四十、左右钻拳”动作名称同“二、一马三箭”至“二十、左右钻拳”。

四十一、拴马式

四十二、收式

第三节　动作图解

扫一扫　看视频

一、起式

1. 身体中正站立。（图4–1）

2. 左脚外摆，右脚内扣，身体向左转45度。目视前方。（图4–2）

3. 并步对拳：身体不动，两腿微蹲。同时，两臂向前上侧平举，臂微屈，掌心向上。目视右掌。动作不停，两臂以肘为轴，两掌同时向上，臂内旋，使掌心向下，经面前、胸前下按，停于腹前。两掌变拳，拳面相对，拳心朝下。目视前方。（图4–3、图4–4）

图4–1

图4–2

图4–3

图4–4

4. 三体式（合步）劈掌：上体微向左转，同时，右拳外旋，经胸前上钻，高与口齐。目视前方。左脚向前上一步，两腿微屈，呈合步。同时，左拳变掌，经右拳背上方向前劈出，高与肩平。右拳变掌，回撤下按于腹前。目视前

方。（图4–5、图4–6）

图4–5

图4–6

要点：

1. 上体要正直，不可前俯后仰，表情要自然，牙齿要扣，下颌要略收。

2. 两肩要向下垂，左前臂肘部下垂，不可伸直，食指要向上挑，虎口呈半圆形，手心向里凹；右小臂靠在腹部右侧，五指撑开，腕部要向下塌劲。

3. 胸部略向内含，背部肌肉要极力向两侧伸展开，腹部要自然充实，臀部不可向外突出。

4. 两膝微向里扣，前膝不要超过踝关节，臀部与后脚跟上下相对，脚趾扣地，重心略偏于后腿；呼吸自然，身体要稳固。

二、一马三箭

1. 并步崩拳：左脚不动，右脚向前跟进一步，置于左脚内侧稍后一点，两腿呈并步半蹲式。同时，两掌变拳，左拳回收于腹前；右拳经左拳虎口上向前直臂冲出，拳眼向上。目视右拳。（图4–7）

注意：右脚向前跟进时，迈步要低，抬脚不要过高。落脚时，脚跟先着地，不要故意跺地。打出拳后，前臂要向前顺，肘部下垂，小臂平直，大臂微斜，拧腰顺肩，头要向上顶劲。身体要稳定，不可忽高忽低，前俯后仰。

2. 退步横拳：右脚向后撤半步，右脚尖外展约45度。左脚紧跟着向后撤一大步，停于右脚后方，脚跟微提起，前脚掌着地，两腿屈膝，半蹲，交叉，呈歇步。同时，左拳外旋，经右拳臂下面用力前冲，拳心朝上；右拳外旋，快速回收，置于右腹部，拳心向上。目视左拳。（图4-8）

3. 顺步崩拳：上体左转，两脚尖向左拧转，使身体略向左转，然后右脚向前上一步，左脚跟进半步，全脚着地，两腿屈膝微蹲。同时，右拳经左拳虎口处向前冲出，拳眼向上；左拳外旋，收于左腹部，拳心向上。目视右拳。（图4-9）

图4-7

图4-8

图4-9

要点：

1. 一马三箭是一个连环动作，包含3个连续崩拳，即进步崩拳、退步崩拳、顺步崩拳，意为连环崩击的意思。

2. 做崩拳时要求手到脚到，完整连贯。拳与步协调一致，同起同落。

3. 进步退步要稳健，上身不可前俯后仰，左右歪斜。

三、寒鸡独立

1. 右甩手：身体微向左转，右臂随体转向下、向左、再向上以弧形抡转至身前，手心朝里。（图4-10）

2. 独立塌掌：上动不停，右臂继续下落，臂内旋，使掌心翻转向下，收于腹前。同时，右脚略微抬起，并震脚踏实。左脚随之屈膝略提，脚底平行于地面，离地约10厘米。与之同时，左掌在右掌向下翻时，掌心搓擦右手背，并用

力下塌，力达掌根。（图4–11）

要点：右臂沿弧形抡转要与转体协调。震脚，右手翻转，左掌下塌要同时完成，不得有先后之分。震脚要有声，塌掌要快捷，一气呵成。

四、并步崩拳

1. 左脚前落踏实，两腿微屈，呈合步。（图4–12）

图4–10

图4–11

图4–12

2. 身体微向右转，右臂随体转向上、向右后、再向下沿弧形摆动至体侧。（图4–13、图4–14）

图4–13

图4–14

3. 上动不停，右脚向左脚并步靠拢，两腿微屈略蹲。同时，右手握拳，经腰际向前崩出，拳眼朝上，力达拳面；左手立掌迅速扶于右前臂处。（图4-15、图4-16）

图4-15

图4-16

要点：右臂随体转沿弧形摆动要协调，臂可微屈，但不可僵直。做并步崩拳时要做到脚到拳到。身体要正直，不可前俯后仰。

五、退步抱拳

1. 两腿不动，右拳变掌，两臂内旋，使掌心翻转向上，右上左下。目视前方。（图4-17）

2. 上动不停，右脚向后撤一步，两腿微屈，呈合步。同时，右掌变拳，左掌心握住右拳背，两手用力向小腹部下砸。目视前方。（图4-18）

要点：右脚向后撤步，两腿屈蹲时，重心要后移，并要与两手下砸动作同时完成。动作要稳重有劲。

图4-17

六、拗步右崩拳

左脚略微向前移步，右脚随之跟进。同时，右拳向前直臂崩出，拳眼朝上，力贯拳面。目视前方。(图4-19)

图4-18

图4-19

七、蹬腿冲拳

左脚再前移踏实，右腿屈膝提起，右脚用力前蹬，脚尖向上，力达脚跟；同时右拳回收于腰际，左拳顺势前冲，拳眼朝上，力贯拳面。（图4-20）

要点：注意冲拳与蹬腿要同时完成，上下相随，上身不可后仰，支撑腿不可太弯曲。

八、顺步崩拳

右脚向前落地踏实，同时左拳回收于腰际，右拳顺势前冲，拳眼朝上，力贯拳面。目视前方。(图4-21)

图4-20

图4-21

九、顺步炮拳

身体微向左转，右拳变掌向上向左侧、再向下、向前上方沿弧形摆动至头部右上方，握拳，拳心朝外，拳眼朝下。同时，右脚外展，左脚向前上一步，左拳顺势向前冲出，拳眼朝上，力达拳面。目视前方。（图4–22至图4–24）

图4–22

图4–23

图4–24

十、左右钻拳

1. 左钻拳：左脚外摆，双拳收回腰部，左拳向左前方钻出。目视前方。（图4–25）

2. 右钻拳：右脚上步，右腿微屈前弓。同时，左拳内旋下压至腹前；右拳外旋，经腰间向前上方以钻拳击出，拳面朝前。目视前方。（图4–26）

图4–25

图4–26

3. 左钻拳：上动不停，身体左转，重心左移，左腿屈膝微弓。同时，右拳内旋回收于腹前，左拳向左上方钻出。目视左手。（图4-27）

4. 马步塌掌：身体重心右移，两腿微屈，呈半马步。随即，双拳变掌，左手内旋，两手于胸前交叉后，左手经左腰部向左侧塌掌，掌心朝外；右掌向上架于头部右上方。目视左前方。（图4-28、图4-29）

图4-27

图4-28

图4-29

5. 半马步撅臂：上动不停，身体微左转。同时，左掌外旋，手心向上托劲，右掌下按于腹前，与左手形成上下合劲。目视前方。（图4-30）

图4-30

要点：左右上钻拳及架、塌、托的动作要一气呵成，用腰背的力量，眼随手动，手随身变，塌、托要有力，上下相合。

用法：左右上钻拳主要攻击对手的面部和下颌。做左钻拳时，如对手抓我方左手，我方迅速将右手从下向上格架，左手以下塌掌击打其腰肋；如我方右手抓住对手手腕，另一手则上托其肘关节，上下撅臂，对手定疼痛难忍。

十一、顺步炮拳

1. 懒龙卧道：右脚向左脚前上步横踩，脚尖外撇，两腿交叉，屈膝，半蹲，左脚跟提起，前脚掌着地。同时，双掌变拳，右拳外旋，经腰部和左腕的上方向前下方冲出，拳心向上；左拳收于腹前，拳心向下。（图4–31）

2. 顺步炮拳：上动不停，左脚前进一大步，脚尖向前；右脚跟进半步，脚尖斜向前，两腿屈膝微蹲。同时，右拳内旋向前向上向外挑、架、拨、带，使拳心向外，屈肘，停于头部右侧处；左拳从身前直臂前冲，拳眼向上，高与胸齐。目视左拳。（图4–32）

图4–31

图4–32

要点：

1. 右脚上步出下冲拳时，上体不可过分前倾，臂部不要突出，头要抬，腰要塌。

2. 做上步冲拳时，上步要尽量大，身体由缩而展，由低而高，由后而前，要有吞吐收放之势、勇往直前之态。

用法：设对手后撤，我方则顺势上前以右拳击其腹。对手若防我方右拳或击我方头部，我方则内旋右臂，架护头部，同时速进左脚，以左崩拳冲击其胸部。

十二、一马三箭

1. 并步崩拳：左脚不动，右脚向前跟进一步，置于左脚内侧稍后一点，两腿呈并步半蹲式。同时，右拳经左拳虎口上向前直臂冲出，拳眼向上；左拳收

于腰部。目视前方。（图4–33）

注意：右脚向前跟进时，迈步要低，抬脚不要过高。落脚时，脚跟先着地，不要故意跺地。打出拳后，前臂要向前送，肘部下垂，小臂平直，大臂微斜，拧腰顺肩，头要向上顶劲，身体要稳定，不可忽高忽低，前俯后仰。

2. 退步横拳：右脚向后撤半步，右脚尖外展约45度；左脚紧跟着向后撤一大步，停于右脚后方，脚跟微提起，前脚掌着地。两腿屈膝，半蹲，交叉，呈歇步。同时，左拳外旋，经右拳臂下面直臂翻转，用力前冲，拳心朝上；右拳外旋，快速回收，置于右腹部，拳心向上。目视左拳。（图4–34）

3. 顺步崩拳：上体左转，两脚尖向左拧转，使身体略向左转，然后右脚向前上一步，左脚跟进半步，全脚着地，两腿屈膝微蹲。同时，右拳经左拳虎口处向前直臂冲出，拳眼向上；左拳外旋，收于左腹部，拳心向上。目视右拳。（图4–35）

图4–33

图4–34

图4–35

要点：

1. 一马三箭是一个连环动作，由3个连续崩拳组成，即进步崩拳、退步崩拳、顺步崩拳，意为连环崩击。

2. 做崩拳时要求手到脚到，完整一气。拳与步同起同落，协调一致。

3. 进步退步要稳健，上身不可前倾后仰、左右歪斜。

十三、寒鸡独立

1. 右甩手：身体微向左转，右臂随体转向下、向左、再向上沿弧形抡转至身前，手心朝里。（图4–36、图4–37）

图4–36

图4–37

2. 独立塌掌：上动不停，右臂继续下落，臂内旋，使掌心翻转向下，收于腹前。右脚略微抬起，并震脚，踏实；左脚随之屈膝略提，脚底平行地面，离地约10厘米。与之同时，左掌在右掌向下翻时，掌心搓擦右手背，并用力向下塌，力达掌根。目视前下方。（图4–38）

图4–38

要点：右臂沿弧形抡转要圆顺，与体转要协调。震脚、右手翻转和左掌下塌要同时完成，不得有先后之分。震脚要有声，塌掌要快捷，体现出完整一气的劲道。

十四、并步崩拳

1. 左脚前落踏实，两腿微屈，呈合步。（图4–39）

2. 身体微向右转，右臂随体转向上、向右后、再向下沿弧形摆动至体侧。（图4–40）

3. 上动不停，右脚向左脚并步靠拢，两腿微屈略蹲。同时，右手握拳经腰际向前崩出，拳眼朝上，力达拳面；左手立掌，迅速扶于右前臂处。（图4–41）

图4–39

图4–40

图4–41

要点：右臂随体转沿弧形摆动要圆顺，臂可微屈，但不可僵直。做并步崩拳时，要做到脚到拳到。身体要正直，不可前俯后仰。

十五、退步砸拳

1. 两腿不动，右拳变掌，两臂内旋，使掌心翻转向上，右上左下。目视前方。（图4–42）

2. 上动不停，右脚向后撤一步，两腿微屈，呈合步。同时，右掌变拳，拳背置于左掌心，两手用力向小腹部下砸。目视前方。（图4–43）

要点：右脚向后撤步、两腿屈蹲时，重心要向后移，并要与两手下砸动作同时完成，整体显得稳重有劲。

图4–42

十六、拗步右崩拳

左脚略微向前移步，右脚随之跟进。同时，右手变拳，向前直臂崩出，拳眼朝上，力贯拳面；左手变拳，收于腰部。目视前方。（图4–44）

十七、蹬腿冲拳

左脚再向前移步，踏实；右腿屈膝提起，右脚用力前蹬，脚尖向上，力达脚跟。同时，右拳回收于腰际；左拳顺势前冲，拳眼朝上，力贯拳面。（图4–45）

图4–43

图4–44

图4–45

要点： 注意冲拳与蹬腿要同时完成，上下相随，上身不可后仰，支撑腿不可太弯曲。

十八、顺步崩拳

右脚向前落地，踏实，同时左拳回收于腰际，右拳顺势前冲，拳眼朝上，力贯拳面。（图4–46）

图4–46

十九、顺步炮拳

身体微向左转，右拳变掌向上、向左侧，再向下、向前上方沿弧形摆动至头部右上方，握拳，拳心朝外，拳眼朝下。同时，右脚外展，左脚向前上一步，左拳顺势向前冲出，拳眼朝上，力达拳面。目视前方。（图4–47、图4–48）

二十、左右钻拳

1. 左钻拳：左脚向前垫步，外摆。左拳收回腰部，再向左前方以钻拳击出，同时右拳收于右腰侧。目视前方。（图4–49）

图4–47

图4–48

图4–49

2. 右钻拳：右脚上步，右腿微屈前弓。同时，左拳内旋，下压至腹前；右拳外旋，经腰间向前上方钻出。目视前方。（图4–50）

3. 左钻拳：上动不停，身体左转，重心左移，左腿屈膝微弓。同时，右拳内旋回收，两手于胸前交叉后，左拳向左上方钻出；右拳收于腹前。（图4–51）

图4–50

图4–51

4. 马步塌掌：身体重心右移，两腿微屈，呈半马步式。随即，双拳变掌，左手内旋，两手于胸前交叉后，左手经左腰部向左侧塌掌，掌心朝外；右掌向上架于头部右上方。目视左前方。(图4–52)

5. 半马步撅臂：上动不停，身体微左转。同时，左掌外旋，手心向上托劲；右掌下按，变拳，置于腹前。（图4–53)

图4–52

图4–53

要点：左右上钻拳及架、塌、托的动作要一气呵成，用腰背的力量，眼随手动，手随身变，塌、托要有力，上下相合，协调劲整。

二十一、顺步炮拳

1. 右脚向左脚前上步横踩，脚尖外撇，两腿交叉，屈膝，半蹲，左脚跟提起，前脚掌着地。同时，右拳外旋，经腰部和左腕的上方向前下方冲出，拳心向上；左掌变拳，收于腹前，拳心向下，拳、臂紧贴腹部。（图4–54)

2. 顺步炮拳：上动不停，左脚前进一大步，脚尖向前；右腿跟进半步，脚尖朝斜前方，两腿屈膝，微蹲。同时，右臂内旋，右拳向前向上向外挑、架、拨、带，使拳心向外，停于头部右侧；左拳从身前直臂前冲，拳眼向上，高与胸齐。目视前方。(图4–55)

图4–54

图4–55

要点：右脚上步做下冲拳时，上体不可过分前倾，臂部不要突出，头要抬，腰要塌。做上步架冲拳时，上步要尽量大，身体由缩而展，由低而高，由后而前，要有吞吐收放之势。

“二十二、一马三箭”至“四十、左右钻拳”

动作说明同“二、一马三箭”至“二十、左右钻拳”，即第二式至第二十式动作重复一次。

四十一、拴马式

1. 上步右钻拳：左脚外展，右脚上步，踏实。同时，右拳向前上方钻出；左掌变拳，回收于腰侧。目视右拳前方。（图4–56）

图4–56

2. 转身左钻拳：右脚尽量里扣，左脚尽量外展，身体向左转动约180度。同时，右拳下落，收于腰间；左拳外旋，向前上方钻出。目视左拳前方。（图4–57）

3. 上步右钻拳：左脚外展，右脚上步，踏实。同时，左拳下落，收于腹前；右拳向前上方钻出。目视右拳前方。（图4–58）

图4-57

图4-58

4. 合步崩拳：右脚尽量里扣，左脚尽量外展，身体向左转动，两腿微蹲，呈合步。同时，右拳下落，收于腰间；左拳向前伸出，拳眼向上，高与胸齐。目视前方。（图4-59）

5. 两腿不动，右拳前伸，与左拳呈十字交叉，左上右下。（图4-60）

6. 上动不停，两臂屈肘，两拳内翻，使拳心朝下。（图4-61）

图4-59

图4-60

图4-61

7. 上动不停，两拳前后分开10–20厘米，同时以腰带臂，前后抖擞3下。目视前方。（图4–62）

四十二、收式

1. 右脚外展约45度。同时，两拳变掌，两臂向前上侧平举，臂微屈，掌心向上。目视右掌。（图4–63）

图4–62

图4–63

2. 动作不停，左脚向右脚靠拢，两腿并步，微蹲。同时，两臂内旋，以肘为轴，两掌同时向上、向内使掌心向下，经面前、胸前下按，停于腹前。两掌变拳，拳面相对，拳心朝下。目视左侧。（图4–64）

3. 两腿直立，两手臂垂于两腿侧，呈立正还原姿势。目视正前方。（图4–65）

图4–64

图4–65

第五章　杂式捶

杂式捶是传统形意拳中动作最多、内容较复杂的一个套路，主要动作有五行拳的劈、崩、钻、炮、横及燕形、鹞形等。另外，中间穿插了一些组合动作，整个套路重复动作较多，以便习练者加深理解，熟练而应用之。

第一节　歌诀

关公捋须当庭站，提水式马步半蹲。
鹞子束身顺步炮，退步劈猫儿洗脸。
乌龙倒水双捋手，左右崩拳上步冲。
白鹤亮翅炮拳轰，并步砸拳鹞入林。
倒劈拳乌龙倒水，燕形式钻天抄水。
独立式左右展翅，连环崩一马三箭。
白鹤亮翅炮拳轰，并步砸拳鹞入林。
猫儿洗脸龙倒水，独立探掌手下捋。
推窗望月马步站，三盘落地两臂撑。
懒龙卧道拳下冲，左横拳右手前崩。
龙虎式拳打脚蹬，顺步崩拳箭穿心。
鹤亮翅炮拳前轰，并步砸鹞子入林。
猫洗脸乌龙倒水，退步双捋气势雄。
左崩右践向前进，追星赶月不放松。
风摆荷叶腿下绊，左崩右钻回身劈。
形意三体天地人，并步收式式还原。

第二节　动作名称

第一段

一、预备式（开步按掌）

二、提水式（半马步栽拳）

二、鹞子束身（歇步栽拳）

四、鹞子入林（顺步炮拳）

五、猫儿洗脸（退步劈拳）

六、乌龙倒水（合步架拳）

第二段

七、退步捋手

八、左右崩拳

九、白鹤亮翅

十、进步炮拳

十一、并步砸拳

十二、鹞子入林（顺步炮拳）

十三、猫儿洗脸（退步劈拳）

十四、乌龙倒水（合步架拳）

第三段

十五、燕子束身

十六、燕子钻天

十七、燕子抄水

十八、燕子展翅

十九、一马三箭

二十、白鹤亮翅

二十一、进步炮拳

二十二、并步砸拳

二十三、鹞子入林（顺步炮拳）

二十四、猫儿洗脸（退步劈拳）

二十五、乌龙倒水（合步架拳）

第四段

二十六、扣腿探掌

二十七、推窗望月

二十八、三盘落地

二十九、懒龙卧道

三十、乌龙翻江

三十一、龙虎相交

三十二、顺步右崩拳

三十三、白鹤亮翅

三十四、进步炮拳

三十五、猫儿洗脸（退步劈拳）

三十六、乌龙倒水（合步架拳）

第五段

三十七、退步捋手

三十八、左右崩拳

三十九、风摆荷叶（摆掌扫踢）

四十、上步左崩拳

四十一、上步右钻拳

四十二、黑熊探掌

四十三、左劈拳

四十四、收式

第三节　动作图解

扫一扫　看视频

第一段

一、预备式（开步按掌）

1. 两腿并立，两手自然下垂，呈立正姿势，两眼向前平视。整体要做到头正、颈直、下颌微收、心静、体松。（图5–1）

2. 两腿微屈，右脚向右前方上一步，两脚踏实，两腿屈膝微蹲，重心在两腿之间。同时，两臂屈肘，上提至腰腹前，然后，两臂外旋，手心翻转向上，两手向前上方伸出，手高不要超过头部，两臂微屈。目视右手。（图5–2）

3. 左脚向前上一步，两腿分立，与肩同宽。同时，两臂屈肘内收，两掌心朝下，经面前、胸前，下按至小腹前，十指相对。目视左前方。（图5–3）

图5–1

图5–2

图5–3

二、提水式（半马步栽拳）

1. 左脚略向外摆，右脚尖微内扣，身体微向左转。同时，两臂向前后分开。（图5–4）

2. 重心移至右脚，右膝微屈；左脚略向内收，脚跟提起，脚尖虚点地面，呈左虚步式。同时，左臂屈肘，左手向上再向胸前绕弧下落于腹前；右手前送，右臂在身前与左臂相交。目视前方。（图5–5）

3. 上动不停，左脚向前出步，脚尖微向前，两腿屈膝半蹲，呈半马步式。同时，两手变拳，左拳向前下方撑击；右拳回收于腹前。目视前方。（图5–6）

图5–4

图5–5

图5–6

三、鹞子束身（歇步栽拳）

右脚向前上一步，脚尖外摆，两腿屈膝半蹲，呈歇步。同时，左拳回收，右拳直臂向前下方冲击，拳心向上，力达拳面。（图5–7）

图5–7

四、鹞子入林（顺步炮拳）

左脚向前上一步，右脚随之跟进，重心略偏于右脚。同时，左拳向前直冲，高与胸齐，拳眼向上，肘部微屈，力达拳面；右拳向上置于头部右侧。目视左拳。（图5–8）

要点：左拳打出与右臂向上冲架要整齐一致，两膝微屈，有内扣之意，另外，要沉肩、塌腰，敛臀。

五、猫儿洗脸（退步劈拳）

1. 左脚向后撤一步，上半身向左转，重心移到左脚，膝微屈。右腿微屈，脚跟提起，脚尖轻点地面，呈右虚步式。同时，右拳自然下落于右腰侧，在体转的同时，右拳变掌，掌指向上，经面前向左、再向前下方劈出；左拳收于左腰侧。目视前方。（图5–9）

2. 右脚向后撤一步，上半身向右转，重心移到右脚，膝微屈。左膝微屈，左脚跟提起，脚尖轻点地面，呈左虚步式。同时，左拳在体转的同时变掌，向上，经面前向右、再向前下方劈出；右掌变拳，收于腰侧。目视前方。（图5–10）

图5–8

图5–9

图5–10

3. 左脚向后撤一步，上半身向左转，重心移到左脚，膝微屈。右腿微屈，右脚跟提起，脚尖轻点地面，呈右虚步式。在体转的同时，右拳变掌，掌指向

上，经面前向左、再向前下方劈出；左掌变拳，收于左腰侧。目视前方。（图5–11）

要点： 一手前劈与另一手回撤，要与腿的后撤动作一致。身体转动时，以腰为轴，小臂要有裹劲，沉肩坠肘。腰部略向内含，劲向下沉，力达掌外沿。

六、乌龙倒水（合步架拳）

1. 接上动，左脚不动，右脚略向内收，仍呈右虚步式。同时，右掌变拳，下落于小腹前，拳心向里；左拳经胸前上钻，拳面向上，高与鼻齐。目视前方。（图5–12）

2. 上动不停，右脚向后撤一步，两腿略向下坐，膝微屈，重心偏于右脚。同时，左拳内旋向下，停于腹前，拳心向下；右拳从左臂外侧向上，屈肘上架于头部前上方。（图5–13）

要点： 左拳上钻与右拳下压要同时完成。右拳上架、左拳下压要与右脚后撤同时完成，整齐一致。

图5–11

图5–12

图5–13

第二段

七、退步捋手

左脚向后撤一大步，右脚随之移动半步，重心居中。同时，两手拳心相

对，似握物状向怀中捋拉。目视前方。（图5–14）

图5–14

八、左右崩拳

1. 右脚不动，左脚向右前方上一步，脚尖外摆，膝盖微屈。同时，两手握拳，左拳随左脚上步时向前冲出，虎口向上，力达拳面；右拳置于腹前。目视左拳前方。（图5–15）

2. 左脚不动，右脚向前上一步，脚尖向前，膝盖微屈。同时，左拳收于左腰侧；右拳向前冲出，虎口向上，力达拳面。目视前方。（图5–16）

要点：左右两拳打出时要与上步同时完成，速度要快，臂可微屈，扭腰顺肩。

九、白鹤亮翅

1. 右脚微向前移，踏实。同时，左拳变掌前穿，置于右腕上。（图5–17）

图5–15

图5–16

图5–17

2. 上动不停，重心略向后移。同时，两臂向左右分开上举，臂微屈，掌心

向外，掌高过头。目视前方。（图5-18）

3. 上动不停，右脚向左脚靠拢，两脚并步，屈膝，微蹲。同时，两手向两侧画弧，收抱于小腹前，左手在下，右手在上，右拳面紧贴于左掌心。目视前方。（图5-19）

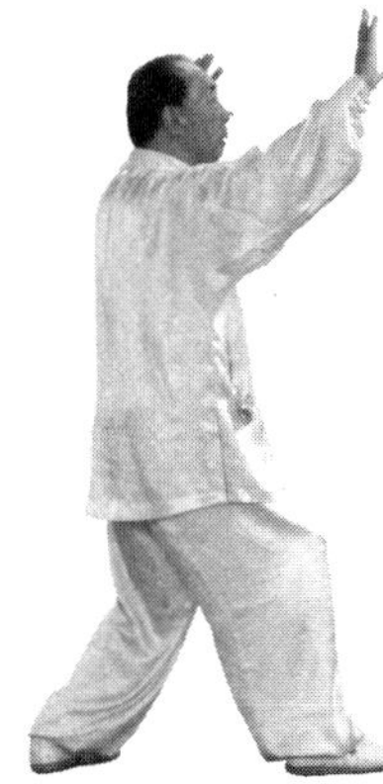

图5-18

十、进步炮拳

右脚向前上步踏实，两腿微屈，呈合步。同时，右拳上钻、外裹，置于头部右侧，拳心向外；左掌变拳，向前上冲击，虎口向上，力达拳面。目视前方。（图5-20）

要点：右脚上步落地与左拳向前冲击要整齐一致；右拳向上冲架时，臂外旋，拳心转向前，先向上钻，再向外翻转，小臂与大臂近于垂直，不要横着上架。

十一、并步砸拳

左脚略向后移，右脚提起，震脚下落于左脚旁，两腿微屈，并步，半蹲。同时，左拳变掌，收于小腹前，掌心向上；右拳外旋，拳心向上，拳背朝下，砸于左掌心内。目视前方。（图5-21）

图5-19

图5-20

图5-21

要点： 右拳下砸要和身体屈膝下蹲、右脚震脚动作一致，同时完成。头要正，身要直，不可前俯后仰。

十二、鹞子入林（顺步炮拳）

动作说明同第四式，见图5-22。

十三、猫儿洗脸（退步劈拳）

动作说明同第五式，见图5-23至5-25。

十四、乌龙倒水（合步架拳）

动作说明同第六式，见图5-26、图5-27。

图5-22

图5-23

图5-24

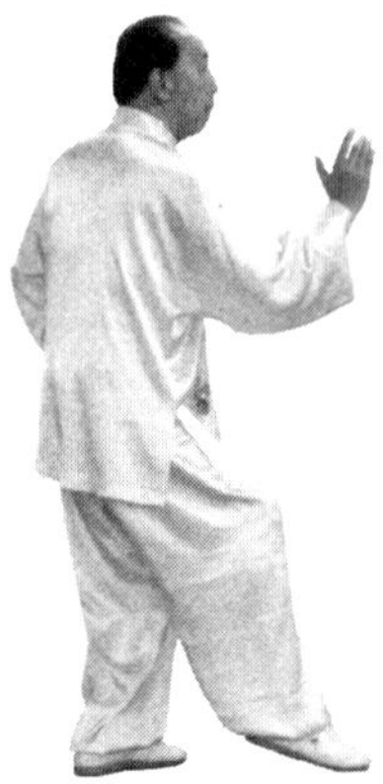

图5-25

图5-26

图5-27

第三段

十五、燕子束身

1. 右脚向后撤一步，脚外展，身体随之右转约90度。同时，右拳变立掌，从上向右后方摆动，高与头齐。目随右掌而视。（图5-28）

图5-28

2. 右脚内扣，左脚外展，身体向左转动，左腿屈膝前弓，呈左弓步式。同时，左拳变掌，两掌随体转向左前方伸出，两掌在腕部交叉，左上右下。目视前方。（图5-29）

3. 左脚跟用力向左侧方撑蹬，左腿挺膝伸直。右脚外展，右腿屈膝半蹲，呈右横裆步式。同时，右臂内旋，屈肘上架，右掌心向外，置于头部右侧上方；左掌在右臂上架的同时，掌心向外推击，臂微屈。（图5-30）

图5-29

图5-30

4. 上动不停，右脚内扣，左脚外摆，两腿屈膝，微蹲，呈半马步式。同时，两臂均外旋，右手握拳收于腰侧；左手掌心翻转向上，肘部微屈。目视前方。（5–31）

要点：燕子束身的4个动作要连续完成，中间不要停顿。第3动做手部动作时，左腿可以略屈，左掌前推与右臂上架要有合劲，同时完成。第4动由横裆步变半马步时，两腿要有合劲，左手上托与右手下落也要有合劲。步法与手法要协调配合，动作要整齐一致。

十六、燕子钻天

1. 右脚向前上一步，脚尖外摆，两腿屈膝，微蹲，呈高歇步式。同时，右拳向上、向前下方冲出，右臂微屈；左掌变拳内旋，拳心朝下，收于腹前。目视前方。（图5–32）

2. 上动不停，右腿直立，右脚用力蹬地向上跳起，左腿随即屈膝上提，脚尖朝下。同时，两拳变掌，右掌直臂上挑，掌指向上，掌心向左；左手向上，置于右腋窝处。目视前方。（图5–33）

要点：以上两个动作要连贯进行，中间不可停顿。上跳尽量要高，提膝要高，右臂要伸直，身体不要后仰。

图5–31

图5–32

图5–33

十七、燕子抄水

紧接上动，右腿不动，左脚落地后，左腿屈膝前弓。然后，右脚蹬地，右腿挺膝伸直。同时，左臂随势上抬，右臂下落，两臂呈前后侧平举式。（图5–34）

图5–34

十八、燕子展翅

1. 两腿不动，两掌变拳，右拳前伸，在身前与左拳交叉，左上右下。目视前方。（图5–35）

2. 上动不停，右脚蹬地，屈膝微提，停靠于左腿内侧，脚底要平，离地约10厘米，呈左独立式。同时，两小臂内旋，拳心翻转向下，在胸前相抱。（图5–36）

3. 右脚震脚下落，左腿屈膝微提，停靠于右腿内侧，脚底要平，离地约10厘米，呈右独立式。同时，两拳分别由上向前后盖打，略高于肩，力达拳背。目视左拳。（图5–37）

图5–35

图5–36

图5–37

要点：两拳翻转向下与右脚提起要同时进行。右脚震脚下落，左腿屈膝微提，与两拳盖打要协同一致。盖打时，眼睛先看右拳，再看左拳。

十九、一马三箭

1. 上动略停，左脚向前上一步，右脚跟进半步，两腿微屈。同时，左拳收回腹部；右拳内旋下落，经腰间向前冲出，拳眼向上，力达拳面。（图5-38）

2. 右脚朝后方移摆，左脚向后倒撤一步，两腿微屈。同时，右拳收回腹部；左拳向前冲出，力达拳面。（图5-39）

3. 右脚再向前上一大步，左脚跟进半步，两腿微屈。同时，左拳收回腹部；右拳向前冲出，拳眼向上，力达拳面。（图5-40）

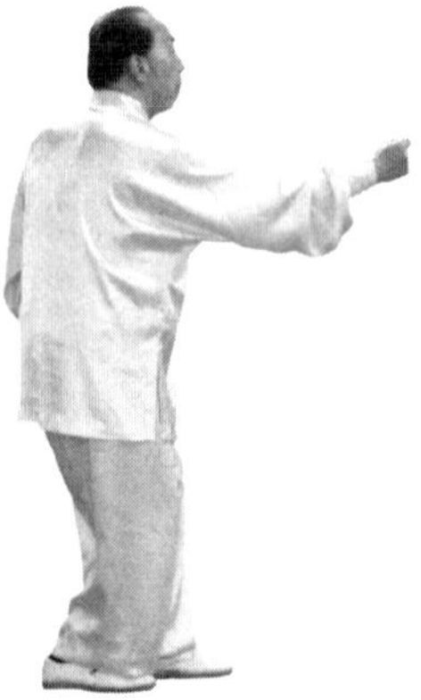

图5-38

图5-39

图5-40

要点：左右连环三拳要连贯有力，击拳与步的进退要配合一致，手到脚到，眼随手动。

二十、白鹤亮翅

1. 右脚微向前移，踏实。同时，两拳变掌，左掌前穿，置于右腕上。（图5-41）

图5-41

2. 上动不停，重心略向后移。同时，两臂向左右分开上举，臂微屈，掌心向外，掌高过头。目视前方。（图5-42）

3. 上动不停，右脚向左脚靠拢，两脚并步，两腿屈膝微蹲。同时，两手向两侧画弧，右手变拳下砸于左掌心，两手收抱于小腹前。目视前方。（图5-43）

图5-42

图5-43

要点： 两臂分开时，眼要看右手，右脚撤回与右拳击左掌心的动作要一致，并同时发出震脚和击掌的响声，体现手足齐到的整合劲。动作要做到头顶、竖项、沉肩敛臀，两小臂紧贴腹部。

二十一、进步炮拳

动作说明同第十式，见图5-44。

二十二、并步砸拳

动作说明同第十一式，见图5-45。

二十三、鹞子入林（顺步炮拳）

动作说明同第四式，见图5-46。

图5-44

图5-45

图5-46

二十四、猫儿洗脸（退步劈拳）

动作说明同第五式，见图5-47至图5-49。

图5-47

图5-48

图5-49

二十五、乌龙倒水（合步架拳）

动作说明同第六式，见图5-50、图5-51。

图5-50

图5-51

第四段

二十六、扣腿探掌

1. 右脚向后撤一步，脚外展，身体随之右转约90度。同时，左手不动；右拳变立掌，从上向右后方摆动，高与头齐。目随右掌而视。（图5-52）

2. 右脚蹬地提起，置于左腿膝窝处，左腿挺膝伸直，身体左转90度。同时，左拳变掌，向左前上方穿出；右手从后、经腰部向左前方上穿，掌心向上。（图5-53）

图5-52

图5-53

要点： 独立腿要稳，扣腿要紧，眼随手动，上下相随。

二十七、推窗望月

1. 上动不停，右脚向右后撤一步，两腿屈膝，半蹲，呈马步。同时，两手从上向下收于腹前，掌心相对。目视左前方。（图5-54）

图5-54

2. 两腿不动，左臂屈肘上架，左掌心向外，置于头部前上方；同时，右掌向左前方用力推出，掌心向外，力贯掌心。目视前上方。（图5-55）

3. 右脚不动，左脚略向右脚靠近，脚前掌着地。同时，两掌收回腹前，掌心相对。目视左前方。（图5-56）

4. 左脚向左前方出步，两腿仍屈蹲成马步。同时，左臂屈肘上架，掌心向外，置于头部前上方；右掌向左前方用力推出，掌心向外，力贯掌心。目视前上方。（图5-57）

图5-55

图5-56

图5-57

要点：两掌回收要有力，似拉扯对方手臂一般。两掌回收要与左脚回撤协调一致。马步上架推掌要向左前上方推出，上架不要太高，推掌要有力，并与左脚出步一致。后两动要连续做3次，连贯不停，头要正，背要直，不可低头弯腰。

二十八、三盘落地

1. 接上动，右脚不动，左脚略向右脚靠近，脚前掌着地。同时，两掌收回腹前，相交。目视左前方。（图5-58）

图5-58

2. 左脚向前出步，两腿半蹲，呈半马步。同时，两臂内旋，掌心向外，掌指朝下，分别向两侧撑按。目视前方。（图5-59）

要点：两掌撑按，臂要圆，力贯两臂。撑掌要与左脚出步一起完成。身要正，步要稳。

图5-59

二十九、懒龙卧道

右脚向前上一步，脚尖外摆，两腿屈膝，半蹲，呈歇步。同时，左掌变拳，回收于腹前；右掌变拳，向前下方冲击，拳心向上，力达拳面。（图5-60）

三十、乌龙翻江

左脚向前进一步，两腿屈膝，略蹲。左拳由下向前、向上外旋横拨，拳心向上，左肘微屈；右拳收至腹前。目视前方。（图5-61）

图5-60

图5-61

要点：左拳要尽力向左外旋，左肘微屈。两臂左出右收时要有拧裹之劲，劲由腰发，力贯左小臂。

三十一、龙虎相交

1. 两腿不动，右拳由腰际向前冲出，右肘微屈，拳高与胸齐。同时，左拳收至左腰侧，拳心向里。目视前方。（图5–62）

2. 上动不停，左脚略微前移站稳；右腿屈膝，提起，右脚前蹬，脚尖向上，力达脚跟。同时，右拳收至右腰侧；左拳由腰际向前冲出，高与胸齐。目视前方。（图5–63）

图5–62

图5–63

要点：右腿屈膝提起，右脚前蹬，与左拳前冲要同时进行。上身不可前俯后仰。

三十二、顺步右崩拳

上动不停，右脚前落。同时，左拳收至腹前；右拳向前冲出，高与胸齐。目视前方。（图5–64）

要点：右脚前落与右拳向前冲出也要同时完成，不可有先后之分。注意头正、项直、身正、步稳。

图5–64

三十三、白鹤亮翅

1. 右脚微向前移，踏实。同时，两拳变掌，左掌前穿，置于右腕上。（图5–65）

2. 上动不停，重心略向后移。同时，两臂向左右分开上举，臂微屈，掌心向外，掌高过头。目视前方。（图5–66）

3. 上动不停，右脚向左脚靠拢。两脚并步，两腿屈膝，微蹲。同时，两手向两侧画弧，右手变拳下砸于左掌心，两手收抱于小腹前。目视前方。（图5–67）

图5–65

图5–66

图5–67

三十四、进步炮拳

左脚向前上步，踏实，两腿微屈，呈合步。同时，右拳上钻外裹，置于头部右侧，拳心向外；左掌变拳，向前上方冲击，虎口向上，力达拳面。目视前方。（图5–68）

图5–68

三十五、猫儿洗脸（退步劈拳）

动作说明同第五式，见图5-69至图5-71。

图5-69

图5-70

图5-71

三十六、乌龙倒水（合步架拳）

动作说明同第六式，见图5-72、图5-73。

图5-72

图5-73

第五段

三十七、退步捋手

动作说明同第七式，见图5-74。

三十八、左右崩拳

动作说明同第八式，见图5-75、图5-76。

图5-74

图5-75

图5-76

三十九、风摆荷叶（摆掌扫踢）

1.接上动，两脚不动，两拳变掌，向下、向左侧摆动，目视右前方。（图5-77）

图5-77

2. 上动不停，两手从下向上、再向右侧摆动，右手停于右侧，呈立掌；左手停于胸部右前方，目视右手。同时，右脚向左侧贴地扫踢，横落于左侧，两腿呈交叉站立。（图5–78）

图5–78

要点：两臂摆动要画一立圆，以腰带臂。右脚扫踢要与两掌摆动同时完成，动作要快速有力。

四十、上步左崩拳

上动不停，左脚向左侧上一步，左脚尖向前，右脚内扣。同时，左掌变拳，经腰间向左前方冲出，拳眼向上；右掌变拳，收于腰部。（图5–79）

四十一、上步右钻拳

左脚外摆，右脚向前上一步，膝微屈，脚尖向前。同时，右拳向前上方钻出，高与口平，拳心向上，力贯拳面；左拳屈肘内翻，拳心向下，停于腹前。目视右拳。（图5–80）

图5–79

图5–80

要点：上步与冲拳要同时完成，以腰发力，力达拳面。

四十二、黑熊探掌

右脚尽量内扣，身体向左回转约180度，左脚跟提起，脚尖点地，呈左虚步。同时，右臂内旋，右拳拳心朝下，经右肩上方，随体转向前打出，力达拳面；左拳拳心翻转向上，收于左侧腰腹之间。目视右拳。（图5-81）

要点：扣脚转体动作要快，上体微向前探，手眼相随。虚步要稳，臀部不可突出。

图5-81

四十三、左劈拳

右脚不动，左脚前移，落地，踏实，两腿微屈，呈合步。同时，两拳变掌，左拳向上，经右手背向前下方劈按，掌心朝斜下，高与肩齐；右掌下落，收于小腹前，掌心向下。目视左手。（图5-82）

四十四、收式

1. 右脚向右摆步，两脚踏实，两腿屈膝微蹲，重心在两腿之间。同时，两臂外旋，使手心翻转向上，两手向前上方伸出，手高不超过头部，两臂微屈。目视右手。（图5-83）

图5-82

图5-83

2. 左脚向右微移半步，两腿分立，与肩同宽。同时，两臂屈肘内收，两掌掌心朝下，经面前、胸前下按至小腹前，十指相对，目视左前方。（图5–84）

3. 左脚向右脚靠拢，两腿并立，两手自然下垂，呈立正姿势，两眼向前平视。（图5–85）

要点：整体要做到头正、颈直、下颌微收、心静、体松。

图5–84

图5–85

第六章　浑元形意拳

在继承、发扬传统形意拳的基础上，根据“古为今用”“推陈出新”的方针，在兼收并蓄、博采众长的思想指导下，经过多年的实践、推广，我们不断地充实、改进，逐渐形成了这套比较系统、完整、具有鲜明特点的综合性形意拳套路。这套形意拳共有48式动作，内容包含了形意拳的基本拳法和由此而衍变的各种动作和技法，并且吸取了全国形意拳各个流派的特有技法。全套共分五段，内容丰富，风格突出，劲力充实，刚柔相济，形神合一，体用兼备，是一种适于习练、传承、表演及竞赛的套路。

第一节　歌诀

一马三箭连环崩，白鹤亮翅炮捶轰。
退步掩肘进步劈，并步崩拳退步收。
先拗后顺连二崩，燕子束身掌撩阴。
燕子抄水双展翅，鹞子钻天左右钻。
懒龙卧道顺步炮，乌龙倒水双手捋。
鹞子翻身倒插步，猴儿垫步掌前冲。
金鸡点头掌下塌，金鸡吃米拳下崩。
金鸡抖翎架托掌，金鸡上架能独立。
金鸡报晓掌上挑，鼍形式掌击左右。
饿虎式向前猛扑，鲐形式两拳前撞。
单马形挎打难防，再转身蛇形斜拨。
猴托印提膝探掌，马步架望月推窗。

双撑掌三盘落地，懒龙卧道歇步冲。
乌龙翻江弓步横，龙虎相交拳腿冲。
顺势落地右拳崩，白鹤亮翅换步炮。
鹞子钻天左右分，鹞子入林顺步炮。
风摆荷叶上下攻，左右冲拳连环崩。
回身钻拳目光定，腰身一抖拴马停。

第二节　动作名称

预备式
起式

第一段
一、并步崩拳
二、退步横拳
三、顺步崩拳
四、进步白鹤亮翅
五、拗步炮拳
六、退步掩肘
七、进步劈拳
八、并步崩拳
九、退步抱拳
十、拗步右崩拳
十一、马步托掌（燕子束身）
十二、马步击掌（燕子叼泥）

十三、仆步穿掌（燕子钻天）

十四、独立双盖拳（燕子展翅）

第二段

十五、上步左右钻拳（鹞子钻天）

十六、顺步炮拳（鹞子入林）

十七、上架下压（乌龙倒水）

十八、退步双捋手（单展翅）

十九、插步翻身（鹞子翻身）

二十、垫步穿掌（猴形）

第三段

二十一、独立下塌掌（金鸡点头）

二十二、并步下崩拳（金鸡吃米）

二十三、马步架托掌（金鸡抖翎）

二十四、独立下插掌（金鸡上架）

二十五、跟步挑掌（金鸡报晓）

二十六、退步云拨掌（鼍形）

二十七、进步左下击掌（鼍形）

二十八、云手下击掌（鼍形）

二十九、上步双撞拳（鲐形）

三十、上步虎扑

三十一、转身右冲拳（单马形）

第四段

三十二、左转身左拨掌（蛇形掌）

三十三、提膝探掌（猿猴托印）

三十四、纵跳穿插掌（猿猴攀枝）

三十五、马步架推掌（推窗望月）

三十六、马步双撑掌（三盘落地）

三十七、歇步栽拳（懒龙卧道）

三十八、上步横拳（乌龙翻江）

三十九、蹬腿冲拳（龙虎相交）

四十、 顺步右崩拳

四十一、顺步炮拳（白鹤亮翅）

第五段

四十二、左右钻拳（鹞子钻天）

四十三、顺步炮拳

四十四、上步钻拳

四十五、摆掌扫踢腿（风摆荷叶）

四十六、进步崩拳

四十七、上步钻拳

四十八、马步对拳（拴马桩式）

收式

第三节　动作图解

扫一扫　看视频

预备式

身体直立，两手自然下垂，两腿并步立正，两眼向前平视。（图6–1）

要点：整体做到头正、项直、心静、体松。

起式

1. 开步托掌：右脚向前上一步，左脚随即跟进半步，两腿屈膝，微蹲，脚间距与肩同宽。同时，两臂屈肘，向外、向上运行，两掌高不过头。目视右掌。（图6–2）

2. 并步按掌：上动不停，左脚向前上一小步。两臂屈肘内旋，两掌经肩前向下按至小腹前，两掌掌心向下，十指相对，两肘微屈。目视左前方。（图6–3）

图6–1

图6–2

图6–3

3. 撤步抹掌：重心移至左脚，左膝微屈，右脚向右侧撤步，前脚掌点地，脚跟提起。同时，身体左转约90度，两掌由腹前向左侧前伸，臂微屈，右掌心

向上，左掌心向下。目视前方。（图6–4）

图6–4

4. 虚步抱掌：上动不停，重心落于右腿，右腿微屈；左脚回收半步，脚尖虚点地面。同时，两掌回收至小腹前，掌心向上，两小臂紧贴腹部两侧。目视前方。（图6–5）

5. 三体式劈掌：左脚前落，踏实，两腿膝部微屈，重心略偏于右腿，呈三体式。同时，两掌向上提至胸前，然后两臂内旋，使掌心向内翻转向下。左掌向前劈出，肘微屈，掌心向前下方，五指自然分开，掌心内含，掌指高与肩齐。右掌落于腹前，拇指根节紧靠肚脐处，手腕向下塌劲。目视左手。（图6–6、图6–7）

图6–5

图6–6

图6–7

要点：

1. 上体要正直，不可前俯后仰，表情要自然，牙齿要扣，下颌要略收。

2. 两肩要向下垂，左臂肘部下垂，不可伸直，食指要向上挑，虎口呈半圆形，手心向里凹；右小臂贴在腹部右侧，五指撑开，腕部要向下塌劲。

3. 胸部略向内含，背部肌肉要极力向两侧伸展开，腹部要自然充实，臀部不可向外突出。

4. 两膝微向里扣，前膝不要超过踝关节，臀部与后脚跟上下相对，脚趾扣地，重心略偏于后腿。呼吸要自然，身体要稳固。

第一段

一、并步崩拳

左脚不动，右脚向前跟进一步，置于左脚内侧稍后一点，两腿呈并步半蹲姿势。同时，两掌变拳，右拳经左拳虎口上向前直臂冲出，拳眼向上；左拳回收于腰侧。（图6–8）

图6–8

要点：右脚向前跟进时，迈步要低，抬脚不要过高。落脚时，脚跟先着地，不要故意跺地。打出拳后，前臂要向前送，肘部下垂，小臂平直，大臂微斜，拧腰送肩，头要向上顶劲。身体要稳定，不可忽高忽低、前俯后仰。

二、退步横拳

右脚向后撤半步，右脚尖外展约45度；左脚紧跟着向后撤一大步，停于右脚后方，脚跟微提起，前脚掌着地。两腿屈膝，半蹲，交叉，呈歇步式。同时，左拳外旋，经右拳下直臂翻转用力前冲，拳心朝上；右拳外旋，快速回收，置于右腹部，拳心向上。目视前方。（图6–9）

图6–9

三、顺步崩拳

上体左转，两脚尖向左拧转，然后右脚向前进一步，左脚跟进半步，全脚着地，两腿屈膝，微蹲。同时，右拳经左拳虎口处向前直臂冲出，拳眼向上；左拳收于左腹部，拳心向上。目视前方。（图6–10）

要点：

1. 一马三箭是一个连环动作，原谱由3个连续崩拳组成，即进步崩拳、退步崩拳、顺步崩拳，意为连环崩击的意思。因为进退连环拳以五行拳为基本内容，但整个套路没有横拳，与编拳者原意不符，故今将一马三箭中的第二动改为横拳。

2. 做崩拳时，必须与步伐一致，同起同落。

3. 进步、退步要稳健，上身不可前倾后仰，左右歪斜。

四、进步白鹤亮翅

1. 右脚向前进半步。左拳变仰掌，前伸，右拳变俯掌，左手与右手在身前十字交叉搭手，左手在上，右手在下，两手背相接。（图6–11）

2. 上动不停，左脚上一大步。两臂屈肘，同时向上、向外绕环至体侧，掌指高于耳端，两臂呈弧形。重心移至左腿。（图6–12）

图6–10

图6–11

图6–12

3. 上动不停，两臂继续由体侧向下、向内画弧至体前时，右掌变拳，拳心向上，使拳背与左掌心在腹前相接。同时，右脚迅速提起，并在左脚旁震脚落地，两腿屈膝，并步半蹲。目视前方。（图6–13）

要点： 两臂绕环要圆，但臂不可伸直，两手在腹前相交与震脚半蹲要整齐一致。定势时身体不可前倾，臀部不可突出。两臂运行时，眼随右掌。两手在腹前相接时，右拳背可击响左掌心，也可不击响，但无论击响与否，手脚必须同时完成动作。

五、拗步炮拳

右脚向前进一步，左脚随之跟进半步，落于右脚后方，两腿屈膝微蹲，重心落于两腿之间。右拳向前上方钻，至头部上方时，臂内旋，并斜向右拨架，拳心翻向外，停于右额角处。左掌变拳，臂内旋，向前方冲出，虎口向上，高与胸齐。目视左拳前方。（图6–14、图6–15）

图6–13

图6–14

图6–15

用法： 设对手用直拳向我方上体击来，我方以右臂向上拨架，同时右脚前进一步，并用左直拳猛击对手头部或胸部。

六、退步掩肘

左脚先后移半步，右脚随即后撤半步，脚尖点地，两腿屈膝半蹲，呈右虚步式。同时，左拳收于腰侧，拳心向上；右拳随右脚后撤时，右臂外旋，向身

前掩肘，拳高与口齐。目视右拳。（图6–16）

要点：退步与掩肘要协调一致，同时完成。掩肘时，两臂的摆动幅度要小，不要超过身体的宽度。要做到臂随身转，藏肘掩肋，紧凑圆活。

七、进步劈拳

右脚跟着地站稳，左脚向前上一步，两腿屈膝半蹲，呈三体式。同时，左拳随左脚向前上方钻出，与右拳相交时，变掌，内旋翻转向前劈出，力达掌心；右拳内旋，变掌下按，拇指紧贴腹前，掌心向下。目视前方。（图6–17）

要点：两腿下蹲时，身体要中正，不得前俯。做劈掌时，左臂微屈，不可伸直。

八、并步崩拳

上动略停，左脚向前微上步，左膝部稍弯；右脚跟进一步，与左脚并步，屈膝半蹲。同时，右掌变拳，直臂向前冲出，拳眼向上，力达拳面；左掌回收，扶于右小臂处。目视前方。（图6–18）

图6–16

图6–17

图6–18

要点：右手打出崩拳，要与右脚进步落地同时完成，合成一劲，动作要快速、干脆。上体不要前栽。

用法：此式为左顾右打之法，假设对手以右直拳击来，我方则以左手格开来拳，速以右直拳冲击其腹部。

九、退步抱拳

接上动，右拳略内收，变掌，经左掌下向内向上翻转，右手背置于左掌心上。右脚向后退一步，两腿微屈，重心置于左腿。右掌变拳，左掌抱拳，两手同时内收于腹前。（图6–19、图6–20）

图6–19

要点：退步与抱拳要同时进行，一气呵成。

用法：此式为一个擒拿动作，可使对手手腕受挫，又称“金丝缠腕”。

十、拗步右崩拳

1. 接上动，左脚向前垫半步，右脚随即跟进一步。同时，右手以立拳向前冲出，拳眼向上，力达拳面；左手变拳，回收于腰侧。目视前方。(图6–21)

2. 上动不停，左脚向前进一步，右脚跟进半步。同时，右拳回收于腹前；左手以立拳向前冲出，拳眼向上。目视前方。(图6–22)

图6–20

图6–21

图6–22

要点：右崩拳与左崩拳要连续向正前方击出，拧腰送肩，力达拳面。

十一、马步托掌（燕子束身）

1. 接上动，上体与两脚不变，左拳变掌，掌指向前，右臂前伸，右拳变掌，两掌腕十字相交，左上右下，虎口均向上。目视前方。（图6-23）

图6-23

2. 上体右转，重心右移，右脚微内扣，两腿呈右弓步。同时两臂内旋，左掌经胸前向前推击，掌心向外，虎口向下；右掌心翻转向外，右臂屈肘，右掌横架于头部右上方。（图6-24）

3. 上体左转，右脚内扣，左脚外摆，呈半马步。同时，两小臂外旋，左掌心翻转向上托；右掌下落，掌心向上，小臂紧贴于右腰腹处。目视前方。（图6-25）

图6-24

图6-25

要点：动作要连贯协调，节奏分明。两掌的变换，要随腰而动，以腰带臂，力达掌心。

十二、马步击掌（燕子叨泥）

1. 接上动，右脚向左脚靠拢，两腿并步，屈膝半蹲。同时，右掌向前撩

击，掌心斜向上；左掌回收，拍击右掌腕，掌心向下。目视前方。（图6–26）

2. 左脚向前上一步，两腿半蹲，呈马步。同时，左掌向左膝前下方横切，力达掌外缘；右掌变拳，收于右腹部。（图6–27）

图6–26

图6–27

要点：进步与切掌要配合协调。拍击要清脆、快速、有力。

十三、仆步穿掌（燕子钻天）

1. 右脚向前上步，脚尖外摆，落地踏实，两腿屈膝半蹲，呈歇步。同时，左手握拳，收回小腹前；右拳拳心向上、向前下方冲出。目视前方。（图6–28）

2. 上动略停，右脚蹬地直立上跳，左腿屈膝提起，脚尖下垂，膝高于腰部。同时，右拳变掌，直臂上挑，掌指朝上；左拳变掌，置于右腋下，掌指朝下。（图6–29）

要点：右脚蹬地上跳要高，提膝、挑掌要在瞬间完成。

图6–28

图6–29

3. 上动不停，右腿屈膝下蹲，左脚向前落地，左腿伸直，全脚着地，呈仆步。同时，左掌顺左腿前伸、下插，拇指向上；右臂后落斜举，与左臂呈一斜线，上体前倾。（图6–30）

要点：仆步与左掌下插要同时完成，仆步时臀部不可突出，左腿要伸直，左脚掌与右脚跟均不得离开地面。

图6–30

十四、独立双盖拳（燕子展翅）

1. 右腿挺膝蹬直，左腿屈膝，呈左弓步。同时，右臂随上体前移，右掌向前伸出，与左掌在身前交叉，左手在上，右手在下。目视前方。（图6–31）

2. 动作不停，右腿迅速前提，脚底悬空，离地面约10厘米，停靠在左脚里侧，两腿均屈膝半蹲。同时，右臂内旋，使手心向下、向前抄掌，左臂回收在身前与右臂交叉，然后两臂内旋，在胸前翻转，呈十字相抱的独立式。（图6–32）

3. 右脚迅速垂直下落，震脚。左腿在右脚落地的同时，立即屈膝提起，左脚掌离地约10厘米，停靠在右脚里侧。同时，两臂分别向上、向外屈臂反扣，高不过头。目视左拳。（图6–33）

图6–31

图6–32

图6–33

第二段

十五、上步左右钻拳（鹞子钻天）

1. 左脚向前落地，外摆。同时，左拳收回腰部，再向左前方钻出；右拳收于腰侧。目视前方（图6–34）

2. 右脚上步，右腿膝部微屈前弓。同时，左拳内旋，下压至腹前；右拳外旋，经腰间向前上方钻出。目视前方。（图6–35）

3. 上动不停，身体重心左移，左腿屈膝微弓。同时，右拳内旋回收，两手于胸前交叉后，左拳向左上方钻出，拳面向上。目视左手。（图6–36）

图6–34

图6–35

图6–36

4. 身体重心右移，两腿微屈，呈半马步式。同时，左手内旋，拳心朝下，两手于胸前交叉后，左拳变掌，经左腰部向左侧塌掌，掌心朝外；右拳变掌，向上架于头部右上方。目视左前方。（图6–37）

图6–37

5. 上动不停，身体微左转。同时，左掌内旋，手心向上托劲；右掌下按于腹前，与左手形成上下合劲。目视前方。（图6–38）

要点：左右上钻拳及架、塌、托的动作要一气呵成，用腰背的力量，眼随手动，手随身变，塌、托要有力，上下相合，协调劲整。

用法：左右上钻拳主要用于击打对手的面部或下颌。

图6–38

十六、顺步炮拳（鹞子入林）

1. 右脚向左脚前上步横踩，脚尖外撇，两腿交叉，屈膝，半蹲，左脚跟提起，前脚掌着地。同时，右手变拳，经腰部和左腕的上方向前下方冲出；左手变拳，收于腹前。（图6–39）

2. 上动不停，左脚前进一大步，脚尖向前；右腿跟进半步，脚尖朝斜前，两腿屈膝微蹲。同时，右臂内旋，右拳向前上方挑、架、拨、带，使拳心向外，停于头部右侧；左拳从身前直臂前冲，拳眼向上，高与胸齐。目视前方。（图6–40）

图6–39

图6–40

要点：右脚上步，出下冲拳时，上体不可过分前倾，臂部不要突出，头要抬，腰要塌。做上步架冲拳时，上步要尽量大，身体由缩而展，由低而高，由后而前，要有吞吐收放之势、勇往直前之态。

用法：假设对手后撤，我方则顺势上前，以右拳击其腹。对手若防我方右拳或击打我方头部，我方则内旋右臂，架护头部，同时速进左脚，以左崩拳冲击其胸部。

十七、上架下压（乌龙倒水）

1. 重心后移，左脚尖里扣，然后重心移至左腿，向右后转体180度，右脚略收，脚跟提起，脚尖点地。两腿屈膝半蹲，呈右虚步式。同时，左臂下落，经腰部、胸口向上穿出，拳心向里，拳面向上，高与眼平；右拳经面前下落，两臂在胸前相交，右臂在外，然后，右拳下落停于腹前，拳心向下。目视前方。（图6–41）

2. 上动不停，右脚向身后撤一步，左脚随之后撤半步，两腿屈膝半蹲，重心后坐。同时，右臂由左臂外屈肘上架，右拳停于头部右上方，拳心向前；左拳向里翻转，落于腹前，拳心向下。目视前方。（图6–42）

图6–41

图6–42

要点：身体右转呈虚步时，与左拳上穿、右拳下落要一致，中间不要有停顿。右腿撤步后坐与右拳上架、左拳下落要一致。以上两动之间要略有停顿，劲力要浑厚饱满。

用法：假设对手向我方背后袭击，我方则应迅速转身，避开对手来拳，并以左钻拳击其面部。对手若以左手格架，我方则用左手反拿其腕，然后两手左下右上交错，以右拳击对手的面部。

十八、退步双捋手（单展翅）

左脚后撤一步，右脚随之撤半步，两腿屈膝半蹲，重心落于两腿之间。同时，两拳变掌前伸，虎口向上，掌心相对，由身前向左腹前捋，两手握拳，停于腹前，身体略前倾。（图6–43、图6–44）

图6–43

图6–44

要点：撤步与捋手动作要同时完成，要体现出整体合劲，劲由腰发，上下协调。

用法：此式用于拿住对手手臂，合力向下捋拽，使其前栽。

十九、插步翻身（鹞子翻身）

1. 右脚内扣，向左转体，左脚向左后方外摆。同时，右拳收于右腰侧，拳心向上；左拳变掌，随转身向身后反臂穿掌。目视左掌。（图6–45）

图6–45

2. 上动不停，左脚不动，右脚向左脚前方上一步，身体左转。同时，右拳变掌，随转体向右前上方穿掌，掌心向上，高与鼻齐；左掌在右掌前穿的同时，从右臂上面收于右肩前，掌心向外。目视右掌。（图6-46）

图6-46

3. 上动不停，右脚内扣，身体再继续左转，左脚略向前移，左腿屈膝半蹲，呈左弓步式。同时，右臂屈肘，使掌心向下，掌指向前，经腰侧向前伸探；左掌顺势下落，停于体侧，掌心向下。目视前方。（图6-47至图6-49）

要点：以上3动须连贯完成，转体整整一周，中间不得停顿，转体与上步要快，穿掌要随身体的转动，协调一致。两臂要紧贴身体，两手要自然放松，两眼紧随两掌转动。

图6-47

图6-48

图6-49

二十、垫步穿掌（猴形）

1. 左脚略向前移，蹬地；右脚屈膝前提，高与腰齐，脚尖下垂，呈独立式。同时，左掌前探，右掌回撤，在胸前用左掌心擦击右掌背，右掌顺势下

落，停于右腹前。目视左掌。（图6–50）

2. 右脚前落，屈膝半蹲，重心略移向右腿。同时，左掌回撤，右掌前伸，两手在胸前相遇，右掌心擦击左掌背，右掌停于身前；左掌顺势下落于腹前，掌心向下。目视前方。（图6–51）

图6–50

图6–51

要点：动作过程要连贯、协调、快速有力，体现出手脚和顺、形神兼备、自然轻灵的特点。

第三段

二十一、独立下塌掌（金鸡点头）

1. 左腿半蹲，原地不动；右脚收回至左脚内侧，悬空，离地约10厘米。同时，左掌变拳，拳心翻转向上，停于左腰侧；右掌下落至腹部，变拳，右臂外旋，使拳心翻转向上，再经胸前向上钻出，拳高与口齐。目视右拳。（图6–52）

图6–52

2. 动作不停，右拳向内翻转下落，变掌，掌心向下，置于腹前，拇指紧贴肚脐处；左拳前伸，变掌，在右拳翻转下落时，经右小臂内侧及右掌背上向前下方迅速推出，五指向前，自然分开，力达掌根。目视左掌。同时，右脚震脚，脚尖外展约45度；左脚迅速提起，两腿屈膝，半蹲。（图6-53）

二十二、并步下崩拳（金鸡食米）

接上动，左脚向前上一步，膝部稍屈；右脚跟进一步，与左脚并步，两腿屈膝，半蹲。同时，右掌变拳，直臂向前下方冲出，拳眼向上，力达拳面；左掌收于右小臂处。目视右拳。（图6-54、图6-55）

图6-53

图6-54

图6-55

要点：右拳打出要与右脚落地同时完成，动作要快速有力、干脆利落。上体不要前栽，臂部也不要突出。

用法：此式为左顾右打之法。假设对手以右直拳向我方击来，我方则以左手格开来拳，迅速以右直拳冲击其腹部。

二十三、马步架托掌（金鸡抖翎）

身体右转约90度，右脚向右撤一大步，左脚也跟着向右移一小步。两腿屈膝半蹲，呈半马步，重心偏于右腿。同时，右臂屈肘，向右上方架格，右拳变

掌，掌心翻转向外，右掌置于头部右侧；左掌尽力向左下方撑托，停于左腿上方。眼先看右掌，再看左掌。（图6–56）

图6–56

要点： 两臂左下右上架撑时，要与右腿的后撤和左脚的移动，身体的下蹲、扭腰、摆头一气呵成。两臂要有抖劲，力达四梢。

用法： 假设对手以直拳向我方上部击来，我方则以右臂向上架开其臂，并以左掌向其腹部撑托。若对手向我方踢来，我方则退步避其来势，并以左掌截击对手踢来之足。

二十四、独立下插掌（金鸡上架）

身体右转，左脚前提，随即震脚，踏实，左腿屈膝，半蹲；右腿同时屈膝提起，脚尖上翘，呈左独立步。同时，右掌经胸前向左下方插出；左掌由左下方经胸前向右肩上穿，掌心向外，停于右肩前。目视前方。（图6–57）

图6–57

要点： 右脚提起与左掌上穿、右掌下插要同时完成，协调一致，不可有先后之分。两臂尽量要贴近身体，两手要向里裹劲，手指和手腕要挺直。身体要正直、稳定，头要顶，腰要塌。

二十五、跟步挑掌（金鸡报晓）

右脚向前落步，右腿屈膝前弓；左脚随即跟进半步，膝部微屈。同时，两臂右上左下分开，右臂上挑，手高过肩，指尖向前，腕部微屈；左掌下落于左胯旁，掌心向下。两臂微屈。目视右掌。（图6–58）

图6–58

要点：右臂前挑、左掌下落，要与右脚落地动作同时完成。右臂上挑时，力达手臂。左掌下落时，要有捋劲、按劲。

二十六、退步云拨掌（鼍形）

左脚向后稍移，右脚随即收于左脚内侧前。同时，右掌从身体右侧沿弧形下落，使手心向上，停于腹前；左手从身体左侧沿弧形向上摆动，停于额前。两臂撑圆。目视前方。（图6–59）

二十七、进步左下击掌（鼍形）

1. 上动略停，右脚向右前方进一步，左脚随之跟进，停于右脚内侧，脚尖点地，两腿屈膝微蹲，呈左丁虚步。同时，右掌向上，经左胸、左肩沿弧形向右运行，至额前；左掌由左侧沿弧形下落，掌心翻转向上，停于腹前。目视右掌。（图6–60）

2. 动作不停，左脚向左前方进一步，右脚随之跟进一步，停于左脚内侧。同时，左掌经右胸、右肩向左运行，至额前；右掌由右侧沿弧形下落，掌心翻转向上，停于腹前。目视前方。（图6–61）

3. 动作不停，右脚向右前方进一步；左脚随之跟进半步，两腿微屈。同时，右掌经左胸前弧形向上、向右翻转运行，至额前时，掌心外翻；左掌由左侧沿弧形下落，掌心翻转向上，向前下方击出。目视前方。（图6–62）

图6–59

图6–60

图6–61

图6–62

要点：此式要求手、眼、身、步上下相随，以腰为轴，用腰劲带动四肢，协调和顺。

二十八、云手下击掌（鼍形）

上动不停，左脚向左前方上一步，右脚随之跟进一步，瞬间垫步，使右脚再进一步，两腿微屈略蹲。同时，左掌经胸前弧形向上翻转运行，至额前时，掌心外翻，停于头部左前方；右掌下落，变拳，由右侧向左腹前插击。目视前方。（图6-63）

二十九、上步双撞拳（鲐形）

1. 上动不停，左脚向前上半步；右脚跟进，提起，呈左独立步。同时，左掌变拳，向外画弧下落；右掌变拳，双手收于腹前，拳心向上，前臂均紧贴在小腹两侧，肘部紧靠两肋。目视前方。（图6-64）

2. 右脚向前进一步，脚尖向前；左脚随之跟进半步。两腿微屈，重心稍偏于左腿。同时，两拳迅速向前下方冲出，拳面向前，高与腰平，拳心向上，两肘稍屈。目视前方。（图6-65）

图6-63

图6-64

图6-65

要点：两臂画弧不要太大，肘关节要微屈。两拳向前冲击时要握紧拳头，力达拳面，两臂微屈，不可伸直。手腕和拳面要保持平直。身体要提肛缩臀，沉肩垂肘，手脚配合要协调一致。

用法： 鲐形主要用于击打对手的腰肾部位，可以直接打，也可以转身换位回打。

三十、上步虎扑

1. 上动不停，左脚向前上半步，右脚跟进，左脚提起，呈右独立步。同时，两拳由下向上、向外画弧，下落，收于腹前，拳心向上，前臂均紧贴在小腹两侧，肘部紧贴两肋。目视前方。（图6–66）

2. 左脚向前进一步，脚尖向前；右脚随之跟进半步。两腿微屈，重心稍偏于左腿。同时，两拳经胸前上钻，至口前方时，两拳迅速变掌，向前下方扑按，掌心斜向下，两虎口相对，肘部稍屈。目视前方。（图6–67）

要点： 两掌前扑要走弧形，不可直推，扑出后要沉肩、坠肘、塌腰、敛臀、竖项，两膝要向里扣劲。

用法： 虎形模仿猛虎扑食之势，身体下蹲，蓄势待发，然后举臂向上，用力前扑，将对手扑倒在地。

三十一、转身右冲拳（单马形）

1. 上体右转约90度，左脚向内扣步；同时，两手变拳，左臂屈肘向右平摆至右肩前；右臂收至左肋下。（图6–68）

图6–66

图6–67

图6–68

2. 动作不停，右臂紧贴左臂外侧上举，小臂直立于右肩前，拳心向后；同时右脚以脚掌为轴，再向右转体90度，呈右丁虚步。两臂随上体右转，至身体转到正前方时，右拳内旋，右臂略上抬，使右拳略向前扣。（图6–69、图6–70）

3. 动作不停，右脚向前上一步，左脚跟进半步，两腿屈膝。同时，右拳向前冲出，力达拳面，高与胸齐；左臂屈肘，左拳置于右臂肘里侧。目视右拳。（图6–71）

图6–69

图6–70

图6–71

第四段

三十二、转身左拨掌（蛇形掌）

1. 身体向左后转，左脚尽量外摆，右脚内扣。同时右拳下落，屈肘收于右腰侧，拳心向上；左拳变掌，掌心向外，置于身前。目视左手前方。（图6–72）

图6–72

2. 动作不停，身体继续左转，右脚上步，脚尖里扣，与左脚呈八字形，两腿屈膝，微蹲。同时，右拳随转体变掌，由下向左上方平摆，至左肩前，掌心向外；左掌向身体右侧插出，两臂形成屈臂相抱姿势。（图6-73）

3. 动作不停，左脚向左侧上一步，脚尖向前；右脚随即跟步，两腿屈膝半蹲，呈半马步式。同时，左臂外旋向左前方撩击，虎口斜向上，掌高与腰齐；右掌贴身下落，停于右腹前。目视左掌。（图6-74）

图6-73

图6-74

三十三、提膝探掌（猿猴托印）

1. 接上动，右脚向前外摆上步，左脚不变，两腿微屈。同时，两掌由外向内画弧，在身前相抱，左上右下。（图6-75）

2. 身体向右转约90度，右脚外摆，左脚向右脚盖步里扣，两膝略屈，呈倒八字步。同时，右掌向左上方穿掌，至头上方时，右掌上托，掌心向上；左掌停于腹前，掌心向下。身体继续右转约90度，左脚里扣，右脚外摆。目视前方。（图6-

图6-75

76、图6–77）

3. 身体重心左移，右脚向后撤一步，左脚不变，两腿微屈，呈三体式。同时，右掌经身前下落，停于右腹部；左掌经右掌背上方向前插掌。目视左掌。（图6–78）

图6–76

图6–77

图6–78

4. 重心移于右脚，左脚屈膝提起，膝高过腰，脚尖自然下垂。同时，右掌经左掌背上向前插掌，左掌收于左胯旁，两掌心均向下，掌指朝前。目视右掌。（图6–79）

图6–79

要点：转体要快速连贯。右掌外旋上托与转体要协调一致，密切配合。提膝尽量高过腰部，右掌尽量前插，独立式要稳定。

三十四、纵跳穿插掌（猿猴攀枝）

接上动，左脚前落蹬地，随即右脚向前跳跃一大步，左腿屈膝前提，脚尖下垂，然后左脚向前落步，两腿微蹲，呈三体式。同时，左掌经右掌背上向前

劈出，高与口齐；右掌收于腹前。目视左掌。（图6–80）

要点：以上动作须连续进行，中间不能停顿，上步与穿掌要紧密配合。纵跳要高，腾空时两腿尽力上提，落地时手脚同时到位。整体要做到协调和顺，上下相随。

用法：此式意为在前进中，用手不停地穿插对手的眼睛和面部，同时用膝撞击对手的胸腹部，上下齐动，快速敏捷。

三十五、马步架推掌（推窗望月）

1. 左脚收于右脚里侧，脚尖点地，两腿屈膝半蹲，呈左丁虚步。同时，两臂均外旋，两掌虎口向上，向怀里收捋，两手半握拳，停于腹部。目视前下方。（图6–81）

2. 上动略停，左脚向前方上一步，脚尖里扣，两腿屈膝半蹲，呈马步。同时，左臂屈肘内旋，经体前向前上方翻转上架，置于头部左上方，掌心向外；右拳变掌，经胸前向左侧立掌前推，掌心向外，掌指向上，臂微屈。上体微向左扭转。目视右掌。（图6–82）

图6–80

图6–81

图6–82

三十六、马步双撑掌（三盘落地）

1. 上动略停，左掌下落，与右掌同时收于腹前。（图6–83）

2. 然后两掌向左右分开，臂撑圆，掌心均向下，掌指尽量内收。在两掌分开的同时，左脚再向前进半步，右脚随之跟进，屈膝半蹲，身体重心略偏于右腿，左脚尖微向外撇，呈半马步。（图6–84、图6–85）

图6–83

图6–84

图6–85

要点：两臂要向左右撑圆，腰要塌，胯要缩，两肩要沉，两掌分开与两脚移动要协调一致。

三十七、歇步栽拳（懒龙卧道）

右脚向左脚前盖步，屈膝半蹲，呈歇步式。同时，两掌变拳，右拳经腹前由左前臂上面向左下方冲出，拳心向上；左拳心向下，左小臂与腹部贴紧。目视前下方。（图6–86）

图6–86

要点：右拳向左下方冲出时要快速有力，力达拳面。左膝要抵住右膝窝。身体不要过于前俯，肩要沉，腰要塌。

三十八、上步横拳（乌龙翻江）

左拳由下向前贴着右臂向左前方翻转横拨，高与肩平，拳心向上，肘部微屈。同时，左脚向前迈一步，左腿稍屈膝。右拳撤至右腰侧，拳心向下。目视左拳前方。（图6–87）

要点：左拳要尽力向左翻转。肘部微屈，不要伸直。腰要塌，头要顶。

用法：横拳既是打法，又是顾法，它的运行路线是斜向前进的。左拳顺右肘下拧裹而出，既有前冲之力，又有横拨之劲。

三十九、蹬腿冲拳（龙虎相交）

1. 右脚蹬地，重心前移，呈左弓步。同时，右拳经腰部向前打出，拳眼向上，高与胸齐；左拳撤回腰部左侧，拳心向上。目视右拳前方。（图6–88）

2. 左腿独立站稳，右腿屈膝提起，右脚向前蹬出，高与腰平，脚尖朝上，力达脚跟。同时，右拳撤回腰部，拳心向上；左拳向前冲出，拳眼向上。目视前方。（图6–89）

图6–87

图6–88

图6–89

要点：冲拳、蹬脚要同时完成，速度要快。冲拳要有力，蹬脚要勾脚尖，高与腰平。身体要保持中正，支撑腿要稳，不可摇晃歪斜。

四十、顺步右崩拳

右脚向前下落，左脚随之跟进半步，屈膝半蹲，身体重心偏于后腿。同

时，右拳经腰间向前冲出，拳眼向上，高与胸齐；左拳收于左腰侧，拳心向上。目视前方。（图6–90）

要点：右腿落地与右拳前冲动作要整齐一致，右脚落地要有踩劲。

四十一、顺步炮拳（白鹤亮翅）

1. 左脚后撤半步，随即右脚后撤半步。同时，两拳变掌，左掌前伸，掌心向上，与右掌在身前交叉，左上右下，掌背相搭。（图6–91）

图6–90

2. 上动不停，两臂屈肘内旋，同时向上向外翻转，沿弧形环绕至体侧，掌指高于头部，两臂呈弧形。目视前方。（图6–92）

3. 动作不停，两臂继续由体侧向下向内画弧，至体前时，右掌变拳，拳心朝上，右拳背与左掌心在腹前相接击响。同时，重心移至左脚，右脚提于左脚内侧。目视前下方。（图6–93）

图6–91

图6–92

图6–93

4. 上动不停，右脚落地震脚，左脚向前进一步。同时，右拳经胸部向前上钻，至头上方时，臂内旋，并斜向右上方架拨，拳心翻向外，停于右额角处；

左掌变拳，臂内旋，向前击出，虎口向上，高与胸平。目视左拳。（图6–94）

图6–94

要点：

1. 两臂环绕要呈立圆，两手相交击响与震脚、提腿、半蹲动作要整齐一致。

2. 两臂环绕时，臂不可伸直，定势时身体不可前倾，臀部不可突出。

3. 两臂运行时，眼随右手。两手在腹前相接时，右拳背要击响左掌心，也可以不击响，但无论击响与否，两手两脚必须同时完成动作。

4. 左脚进步与左拳前冲、右拳上架要同时完成。

用法：假设对手向我方头部击来，我方则先以右臂架住来拳，并伺机向下采捋其臂，两脚换步，左脚踏其中门，左拳击其面部或胸腹部。

第五段

四十二、左右钻拳（鹞子钻天）

1. 左脚外摆。同时，左拳收回腰间，再向左前上方钻出；右拳收于腰侧。（图6–95）

图6–95

2. 右脚向前上一步，右腿微屈前弓。同时，左拳内旋，下压至腹前；右拳先内旋，再外旋，经腰间向前上方钻出。目视前方。（图6–96）

图6–96

3. 上动不停，身体左转的同时，右拳内旋回收，两手于胸前交叉后，左拳向左上方钻出。目视左手。（图6–97）

4. 上动不停，左臂屈肘内旋，拳心朝下。两手在胸前交叉后，左拳经左腰部向左后方穿出，拳心朝后；右拳向右上方钻出。目视右拳。（图6–98）

5. 上动不停，上身微左转，两腿屈蹲，呈半马步。同时，左拳外旋，使拳眼朝上，向前拧裹冲出；右拳回收于腰侧。目视左前方。（图6–99）

图6–97

图6–98

图6–99

要点：左右钻拳要与腰的左右摆动协同完成，手随身出，眼随手动，步随身变，一气呵成。

用法：左手钻拳为虚晃一招，诱敌招架，敌若上架，我方上步，以右钻拳击其下颌。若有两面之敌，则以左右钻拳应付之。

四十三、顺步炮拳

1. 右脚向左脚前盖步，两腿屈膝半蹲，呈歇步式。同时，左拳回收，右拳经腹前由左前臂上面向左下方冲出，拳心向上，左拳拳心向下，左小臂与腹部贴紧。目视前下方。（图6-100）

2. 左脚向前上一步，右脚随之跟进半步，重心仍偏于右腿。同时，左拳向前击出，高与胸齐，拳眼向上，肘部微屈；右臂屈肘，翻转上架，右拳置于右额角处。目视左拳前方。(图6-101)

图6-100

图6-101

要点：左拳击出、右臂上架与左脚进步要整齐一致。两腿屈膝要微向里扣。腰要塌，肩要沉。

用法：假如对手以直拳向我方迎面打来，我方则以右拳向上钻翻裹架，格挡其击来之拳，同时用左直拳击其面部。

四十四、上步钻拳

1. 右脚不动，左脚外摆。同时，两拳收回腰间，然后左拳向前上方钻出。（图6-102）

图6-102

2. 上动不停，右脚上步踏实。同时，左拳收回腹部；右拳向前上方钻出，高与眼平。目视右拳。（图6–103）

四十五、摆掌扫踢腿（风摆荷叶）

左脚略向左移动，重心移至左腿。这时，两拳变掌，从身前下落，向左、向上、再向右画弧，使双掌向右后方摆动，身随手转，右臂微屈，右掌高与肩平，左掌置于右肩旁，两掌心均向右。右脚在两掌摆动的同时，向左脚前盖步；左脚前脚掌着地，脚跟提起。两腿屈膝，交叉半蹲。（图6–104、图6–105）

图6–103

图6–104

图6–105

要点：两掌外摆与右脚盖步要协调一致，右脚迈步要低，有横着向左扫绊之势。摆掌双推时，腰部要尽量向右拧转。

用法：此招是扫腿绊踢之法。方法是以双手从左侧向后摆击，意将对手向自己的身体右侧按推，同时右脚向左扫踢对手之腿，使其上下受击而倒地。

四十六、进步崩拳

接上动，左脚向前上一步，两掌变拳，右拳收回腰间，同时，左拳经腰间向前冲出，拳眼向上。目视前方。（图6–106）

图6–106

四十七、上步钻拳

左脚外摆，右脚向前上一步。同时，右拳向前上钻出；左拳收于腹前。目视前方。(图6-107)

图6-107

四十八、马步对拳（拴马桩式）

1. 紧接上动，两脚向左侧拧转，使身体向左后方转约180度，两腿微屈，呈半马步式。同时，右拳下落，收于腰间；左拳外旋，向左前方拧裹而出。（图6-108）

2. 上动不停，右臂前伸，与左臂呈十字交叉，然后两臂屈肘内旋，使拳心翻转向下。（图6-119）

3. 上动不停，两拳稍稍下落，前后分开10-20厘米，然后以腰带臂，以臂带拳，身体抖动一下。目视前方。（图6-110）

图6-108

图6-109

图6-110

要点： 拴马式抖动的时候用腰劲，使腰胯抖起来，以腰带动手臂，再以臂带拳，形似拴马的姿势。

收式

1. 左脚内扣，身体右转90度。同时，两拳变掌，两臂外旋，经腹前向上向

左右侧平举，掌心向上。(图6–111)

2. 上动不停，两臂分别向上、再向内，经身前向下按，两掌停于腹前，两臂微屈，掌心向下，掌指相对。同时，左脚向右脚慢慢靠拢。目视左侧。(图6–112)

3. 两掌自然下垂于体侧，两脚并拢，身体立正，目视前方。(图6–113)

图6–111

图6–112

图6–113

附　录

张希贵先生小传

非物质文化遗产“傅山拳法”传承人张希贵先生，男，汉族，1937年生于山西省太原市尖草坪区柏板村，中国武术九段，国家级武术裁判，“中华浑元武术”创始人，历任山西省体工队武术总教练、山西省武术协会副主席、山西省形意拳研究会会长、山西省形意拳协会常务副主席兼秘书长、山西省体育总会委员。先后获得“中华武林百杰”“新中国体育开拓者”“全国武术挖掘整理先进个人”“全国武术优秀裁判员”“中华武术30年（全球30位）最具武术影响力人物（传统武术类）”等荣誉称号。

张希贵先生自幼拜名师郝学儒先生学练少林拳械、岳氏连拳八翻手及王新午太极拳等；后随名师申子荣先生学习形意拳、岳氏连拳八翻手、浑元一气功等；跟随“傅山拳法”传人葛书元、李思元先生学习傅山拳法，成为山西“傅山拳法”非物质文化遗产传承人；曾向武术名家沙国政学习八卦掌、通背拳、形意拳、太极拳对练等拳械；又分别向各流派形意拳名家布学宽、赵永昌、李三元、李桂昌、杨吉生、王鸿、王继武、何福生等学习形意拳；随岳父杨隆柱学习绵掌、十手艺等。博武修德，专一凝志，苦心研习武学。先生至今已年过八旬，仍不辞辛苦，著书立说，传道授业。

张希贵先生的青壮年时期，作为专业武术运动员为省队争光，作为专业武术教练，又为国家培养了大批优秀的武术人才。步入社团活动阶段，他更是自强不息，再创辉煌。他30年如一日自筹资金策划组织大型赛事活动，积极筹划全省传统武术活动的交流、培训、研讨等，推动了武术运动的发展和武术水平的提高。在国际交流方面，他多次出访日本、新加坡、罗马尼亚、智利等国进行访问表演；培训来访的各国武术爱好者多人；分别与数十个国家和地区的武术爱好者进行交流、切磋，对中华武术的传播、发扬做出了突出的贡献。他的事迹载入《中国武术名人辞典》《中国民间名人录》《当代武林英豪》等书。

一、华夏论剑逞英豪　一朝挂帅惊武坛

1958年，张希贵先生入选山西省体工队，成为专业武术运动员。同年，代表山西省参加在北京举行的全国武术交流比赛大会获得二等奖。次年，代表山西省参加了中华人民共和国第一届全运会武术比赛，所练枪术获得好评。从1962年起，他担任山西省体工队教练兼运动员。1973年，他荣任山西省体工队武术总教练。

1958年至1980年期间，是张希贵先生从事武术专业工作的鼎盛时期，他把青春年华奉献给了祖国的武术事业。这时期山西武术专业队从无到有，从弱到强；从20世纪60年代的全国中下游水平，逐步跃居全国上游水平，名震武坛。他勤勤恳恳地扎根于武术训练第一线，培养了大批优秀的运动员和武术专业人才。他所培养的许多队员被选为国家队队员，有40多人代表国家出国表演、比赛。这些成绩的取得，与张希贵先生的努力付出是分不开的。在此期间，张希贵先生向国内诸多武术名家、名师虚心学习，复承各派名师益友的熏陶，博采众长，使其在长拳、短拳、形意拳、六合八法拳、太极拳、八卦拳、散手、武术推手，以及各类武艺器械等方面都有较高的造诣，尤其是他所练的鞭杆、形意拳、浑元太极拳、浑元散手拳等，更是令人称绝。张希贵先生任教练期间在历届全国武术比赛中获得的成绩如下：

1964年，他带队参加在济南举办的全国19个单位的武术比赛，运动员武元梅获棍术第一名、剑术第二名，这是山西省武术比赛的首枚金牌。

1972年，在参加济南举办的武术比赛中，队员魏素英获得规定拳第一名；队员孙国栋、孟耿成被评为优秀运动员。

1974年，在参加西安举办的全国武术比赛中，队员巩铁练获棍术第一名；魏补全获枪术第三名；李巧玲获刀术第三名；魏素英获剑术第二名；贾慧卿获枪术、剑术第一名和全能冠军，这是山西省第一个全能金牌获得者。

1975年，在中华人民共和国第三届全国运动会武术比赛中，队员巩铁练获得全国棍术冠军，一鸣惊人，震撼武坛。

1976年，在哈尔滨全国运动会武术表演赛中，山西省武术队获团体前三名，队员魏补全、魏素英、巩铁练、贾慧卿等被评为优秀武术运动员。

1977年，在参加内蒙古临河举办的全国武术比赛中，队员巩铁练、魏补全获前五名。

1978年，在参加湖南湘潭举办的全国武术比赛中，山西省武术队获得团体第一名，受到省体委（体育局）的奖励。

1979年，第四届全国运动会武术比赛在石家庄举行，队员魏补全与巩铁练分别获得预赛枪术第一名、棍术第五名的好成绩。

1972年到1980年期间，张希贵教练所带队员40余人，随中国武术团出访亚、非、拉美等地区，为增进我国和各国人民之间的友谊，为中国武术走向世界做出了积极的贡献。

二、专心“挖整”救濒危　民族瑰宝得保存

在1982年至1985年全国武术挖掘整理工作期间，张希贵先生时任山西省武术协会副主席、山西武术“挖掘整理”办公室主任。在这期间，他组织人员走访了山西各地，访问老拳师、武术传人等，基本摸清了分布在山西境内的65个拳种，抢救了一批濒临失传的传统武术套路和功法。如“戴氏心意拳”“弓力拳”“三义拳”“傅山拳法”“信拳”“杨家拳”“八法拳”“同备拳”“敏涵拳”等等。

在20世纪80年代以前，山西省的主要拳种“戴氏心意拳”“弓力拳”“傅山拳法”及“王新午太极拳法”等，已濒临失传，练习的人很少。经过挖掘整理以后，张希贵先生又在山西省武术比赛中让这些拳种单独立项参赛，使这些拳种又逐步地发展起来。有些拳种甚至被列入世界非物质文化遗产名录，这是有口皆碑、功德无量的事实，必将载入史册。如今“戴氏心意拳”练习者众多，在晋中等地都成立了“戴氏心意拳协会”，使这项古老的拳种又焕发出勃勃生机。

经过数年的武术挖掘整理工作，张希贵先生与同事共同编辑出版了60万字的《山西武术拳械录》，录制了25.5个小时的老拳师录像带，整理出了3000多个武术套路。山西省获得“全国武术挖掘整理工作先进集体”；张希贵先生获“全国武术挖掘整理工作先进个人”称号。

三、传统武术根基厚　形意神拳四海扬

1981年，为贯彻国家体委（体育总局）精神，依照山西省体委、体育总会的要求，成立了山西省形意拳研究会（后改为山西省形意拳协会）。时为山西省武术协会副主席的张希贵先生作为创始人，被选举为该会会长。30多年来，他任劳任怨，一门心思地扑进了民间传统武术这一领域，默默地做着新的贡献。

30多年来，据不完全统计，张希贵先生共组织筹划了27次山西省传统武术锦标赛，其中包括7次全国传统武术及形意拳邀请赛；2次国际传统武术及形意拳邀请赛；20次散打擂台锦标赛；5次武术推手擂台赛等。这些赛事活动均自筹资金，不花国家一分钱，积极推动了武术运动的发展。在这期间，他还积极组织筹划全省业余传统武术活动的交流、培训、研讨等，培训学员和裁判员数千人，这在全国都是鲜有其比的！

1989年，山西天龙武馆成立，作为创办山西民间武术馆校的开山鼻祖，张希贵先生出任首任名誉校长。

张希贵先生为全国武术运动的发展，起到了积极的推动作用。1986年，获国家体委颁发的“新中国体育开拓者”称号。2012年，鉴于张希贵先生对山西形意拳的特殊贡献，在庆祝山西形意拳协会成立30周年表彰大会上，山西省体育总会为他颁发了“武术贡献奖”。2013年1月，张希贵先生作为中国形意拳的代表又被评选为“中华武术30年（全球30位）最具武术影响力人物（传统武术类）”，这是对他在中国武术界所做贡献的再次高度肯定。

四、老骥伏枥志千里　著书立说育后人

中国古来相传之事物，以经历事实取信于后世，故源远流长，久而不失。张希贵先生技术臻精，惟妙娴熟，令其美誉远播。他对武术事业的敬业精神，更为世人所称赞。但凡得其授受者，均受益良多。

1995年至1996年，历时两年，排除诸多干扰，张希贵先生主编出版了《山西武术名人名拳录》，该书收集了山西40多个拳种，古今武术人物320名，成为山西武术发展源流、功法、拳种研究之杰作。

1976年，张希贵先生创编的“浑元形意拳48式”已经成型，并培养运动员参加全国比赛，而后又在山西省传统武术竞赛上亮相。经过3年的推广，被确定为山西省形意拳竞赛规定项目之一。1995年略加修改，又被国家录用，成为全国形意拳中级竞赛套路。

1995年3月，张希贵先生曾受中国武术协会之邀，参与创编并主笔国家形意拳中级、高级竞赛规定套路，参与创编《形意枪》《形意棍》等；担任副主编出版了《中国形意拳》一书，使形意拳走向规范化，为今后实行段位制迈出了重要的一步。

1995年5月，张希贵先生主持了山西省形意拳基本拳法“五行、十二形”的研讨工作，统一了山西省的形意拳基本拳法，并在裁判员培训班上进行了推广；主编出版了《山西形意拳》图书和教学光盘。个人还录制出版了各类拳种套路、技击法的教学光盘共16套。

2003年，张希贵先生将学到的申子荣老师“岳氏八翻手”的真传，经过多年的研究，并与众多师兄弟及师友切磋总结交流，使其更臻完善，并毫无保留地将申老所传“岳氏八翻手”上、中、下八路录制成教学光盘，进行专业培训，并将使用方法详细讲解，使“岳氏八翻手”在海内外发扬光大，开花结果。

2006年6月，张希贵先生为古拳谱《太极拳阐宗》一书的出版，进行整理、增补，并编写了前言。

五、海外赛场显雄姿　桃李满园笑人生

2005年，时年68岁的张希贵先生为弘扬传播中华武术，应邀代表中国武术协会参加在郑州举办的“首届国际传统武术节”武术竞赛，荣获形意拳和鞭杆两个项目的金牌。2006年，张希贵先生应邀赴南美洲智利传播中华武术，举办武术训练班，将中华武术远播南美诸国，对中华武术的传播、发扬做出了突出的贡献。2007年，时年70岁的张希贵先生仍神采奕奕、老当益壮，作为中国传统武术代表团形意拳代表人物，赴日本进行形意拳表演，获得赞赏。张希贵先生曾6次参加香港国际武术节，担任副总裁判长及仲裁主任等工作。在国际交流方面，他多次出访日本、新加坡、罗马尼亚等国进行访问表演，培训来访的英、法等国武术爱好者多人，还分别与日本、新加坡、马来西亚、智利、英国、美国、法国、意大利、德国、西班牙、古巴、瑞典、澳大利亚等国家和地区的武术爱好者进行交流、切磋。

张希贵先生从事武术事业六十余年，执着于武术，痴迷于武术，博采众长，于1990年创立“中华浑元武术”一派，无愧为一代武术宗师。

“中华浑元武术”创立于新时代，必将遵循传统门派的严谨，又将添加新时代的气息，将传统与现代融为一体，适应新时代的发展，成为武术门派中的冉冉新星。30多年来，众弟子紧紧地团结在张希贵先生门下，将“公、正、信、恒、诚、义、友、明、慧、谦”的十字训作为行为准则，脚踏实地，勤勉敬业，使得“中华浑元武术”一派日益壮大。如今该门派弟子传人已有1000余人，其中武术教授5人，副教授10人，各级武术教练300余人，获全国比赛金牌者76人，可称谓拳师者45人以上，获得中国武术段位“五段”以上者100余人。众多弟子都是武术领域的佼佼者，成为“中华浑元武术”的一大骄傲。正可谓“浑元武术承前启后，中华武术后继有人”。

张希贵先生出身平民，一生酷爱武术，如今名扬九州，誉满三晋。正如2012年先生在出版的《浑元武踪　艺德可风——当代中华武林百杰张希贵先生从武六十年掠影》中所写道：“寄情书剑焠岁寒，磨砺魂魄六十载，得益多师成正道，铁肩担起一浑元，曾行海外扬国粹，竞技武术奠基人，老骥伏枥志千里，著书立说为承启。”

张希贵先生一生执着于武术事业，特别是在传承“傅山拳法”方面身体力行，不遗余力，推崇之重，孜孜不倦，最终使得“傅山拳法”成为省级非物质文化遗产，这与先生的不懈努力是分不开的。

郑建平　张静

图书在版编目(CIP)数据

形意拳必修套路 / 张希贵, 郑建平著. -- 太原 : 山西科学技术出版社, 2020.9(中华浑元武术丛书)

ISBN 978-7-5377-6040-9

Ⅰ. ①形… Ⅱ. ①张… ②郑… Ⅲ. ①形意拳-套路(武术) Ⅳ. ①G852.14

中国版本图书馆 CIP 数据核字(2020)第 149974 号

形意拳必修套路

XINGYIQUAN BIXIU TAOLU

出 版 人: 赵建伟

著　　者: 张希贵　郑建平

责任编辑: 徐俊杰

封面设计: 吕雁军

出版发行: 山西出版传媒集团 · 山西科学技术出版社

地址: 太原市建设南路 21 号　邮编: 030012

编辑部电话: 0351 - 4922107

发行电话: 0351 - 4922121

经　　销: 各地新华书店

印　　刷: 山西新华印业有限公司

开　　本: 710mm×1010mm　1/16

印　　张: 9.25

字　　数: 140千字

版　　次: 2020年9月第1版

印　　次: 2020年9月山西第1次

书　　号: ISBN 978-7-5377-6040-9

定　　价: 39.00元